MW01442611

-Lilian Núñez-

Luciérnagas en el mar Caribe

A mi madre
que me inspira a ser mejor persona

LILIAN NUÑEZ

Biografía

Sumérgete en una fascinante travesía por las páginas de "Luciérnagas en el Mar Caribe", una cautivadora obra escrita por la talentosa autora Lilian Núñez. Desde su nacimiento en la exuberante República Dominicana, hasta su apasionante trayectoria en España, donde ha dejado una huella imborrable, la vida de Núñez es un testimonio de perseverancia y éxito.

A los 16 años, Lilian emprendió un audaz viaje junto a su familia y se estableció en Madrid. En este vibrante país, forjó su exitosa carrera profesional. En 1997, con tan solo 23 años, dio vida a su propio sueño al fundar una agencia de viajes especializada en el Caribe. Adaptándose con astucia a la evolución del sector, logró consolidarse como una destacada empresa líder en diferentes países del mundo. Sin embargo, su espíritu inquieto también encontró espacio para nutrirse de otras pasiones como el teatro y la escritura, hallando un equilibrio perfecto entre el mundo empresarial y sus aspiraciones artísticas.

En 2013, decidida a explorar nuevas fronteras creativas, Lilian se aventuró en el mundo de la escritura, dando vida a su primera novela, "Dignidad". Esta cautivadora obra literaria conquistó el corazón de los lectores en España, siendo publicada a nivel nacional y estableciendo a Núñez como una voz prometedora en el panorama literario.

Más allá de sus logros profesionales, Lilian Núñez se define a sí misma como una ciudadana del mundo, abrazando una filosofía de vida que promueve la paz y la convivencia entre culturas. A través de su pluma, nos transporta a un Caribe iluminado por las mágicas luces de las luciérnagas, donde las fronteras se desvanecen y la diversidad se celebra.

"Luciérnagas en el Mar Caribe" es una invitación a adentrarse en un viaje literario inolvidable, donde los destellos de la vida, la pasión y los anhelos se entrelazan para revelar la belleza oculta en cada página. Descubre el poder transformador de las palabras y déjate cautivar por la magia de Lilian Núñez, una autora cuya pluma trasciende fronteras y culturas para iluminar los corazones de sus lectores.

LUCIÉRNAGAS EN EL MAR CARIBE

INTRODUCCIÓN

Heberto, un hombre marcado por la persecución implacable desde sus años más tempranos, irradiaba una fortaleza y determinación que parecían desafiar las cadenas que lo aprisionaban. Sus ojos, como dos llamas rebeldes, reflejaban la pasión y el coraje de un alma indoblegable. Cada palabra que pronunciaba resonaba con la verdad ardiente que había sido silenciada durante tanto tiempo. Su cuerpo, marcado por las cicatrices de la injusticia, era un testamento viviente de su lucha constante contra un régimen opresivo que intentaba sofocar su espíritu.

Dulce María, compañera de Heberto en esta travesía peligrosa, irradiaba una valentía inquebrantable que desafiaba incluso a las olas del mar embravecido. En su mirada resplandecía una determinación feroz, mezclada con una ternura maternal que la impulsaba a proteger a su hija y a su amado a cualquier costo. Su voz, aunque dulce, resonaba con una fuerza capaz de mover montañas y desafiar al destino. Con cada paso que daba, desafiaba a las cadenas que intentaban mantenerla sometida y se alzaba como un faro de esperanza en medio de la oscuridad.

Amanda, la hija inocente de estos padres disidentes, era un rayo de luz en medio de la tormenta. Sus ojos, llenos de curiosidad y anhelo, buscaban respuestas en el vasto mundo que la rodeaba. Criada por sus abuelos en Valle de Viñales, rodeada de la naturaleza exuberante que la acogía y aferrada al amor incondicional de sus abuelos. Su corazón latía con la esperanza de un reencuentro con aquellos a quienes nunca había tenido la oportunidad de conocer.

Estos personajes, atrapados en el abrazo sofocante de un régimen opresivo, se erguían como luciérnagas en medio de la oscuridad del Mar Caribe. Su historia, tejida con hilos de dolor, lucha y amor, era un testimonio de la resistencia humana ante la adversidad. Cada uno de ellos llevaba en su ser la fuerza necesaria para desafiar al destino y encender una chispa de esperanza en un mundo sumido en la opresión.

LUCIÉRNAGAS EN EL MAR CARIBE

La frontera entre el sueño y la realidad y solo el destino sabría revelar el desenlace de sus vidas.

En medio del vasto mar, Heberto y Dulce maría descubrirían que, a veces, es en la oscuridad donde encontramos la verdadera luz. La incertidumbre y el desafío se convertirían en sus aliados, guiándolo hacia una libertad que trascendía los límites de lo conocido. En medio de la inmensidad nocturna del mar, se desplegaría una historia de redención, transformación y autodescubrimiento que revelaría la fortaleza inquebrantable del espíritu humano frente a la adversidad más profunda.

Con cada movimiento, se acercaba más a su propia esencia, desafiando las sombras y desvelando los secretos más íntimos de su ser.

A pesar de su desconcierto, Heberto había tomado la valiente decisión de escapar, de desafiar las garras de la oscuridad y dejar que el destino trazara su camino hacia la libertad. En medio de la inmensidad del mar, donde las olas susurraban secretos incomprensibles y el viento soplaba melodías desconocidas, se embarcó en una travesía llena de peligros y descubrimientos.

La travesía se volvía aún más angustiante para Heberto y su pareja. El dolor de haber dejado a su hija atrás, en manos de sus abuelos, los atormentaba en lo más profundo de su ser. La incertidumbre de no saber si algún día volverían a verla creaba un nudo en sus corazones, agravado por la oscuridad de la noche que les rodeaba.

Cada ola que golpeaba el casco del barco parecía susurrarles lo cerca que estaban de la muerte. Sentían el peso de la responsabilidad en cada paso que daban en dirección a su libertad, sabiendo que ese camino estaba teñido de sacrificio y desprendimiento. La decisión de escapar había sido desgarradora, pero en su corazón confiaban en que era la única opción para salvar su vida, aunque eso significara dejar atrás a su ser más amado.

La pareja se aferraba a la esperanza de algún día reunirse nuevamente con su hija. Cada noche, cuando las estrellas titilaban en el horizonte, sus pensamientos y oraciones se dirigían hacia ella, encomendándola a la protección divina y anhelando el momento en que puedan abrazarla nuevamente. La incertidumbre se convertía en su compañera constante, pero su amor inquebrantable les daba la fuerza para seguir adelante.

Se encontraban en medio de una lucha interna entre la libertad que buscaban y el amor que dejaron atrás. Cada paso hacia su destino desconocido los acercaba al anhelo de un futuro mejor, pero también los alejaba de los suyos. En medio de la oscuridad del mar, se aferraban a la fe de que, en algún momento, el destino les brindaría la oportunidad de reunirse nuevamente y encontrar la redención en el reencuentro con su hija.

El viaje en medio del mar se convertía en un símbolo de su amor inquebrantable y en una prueba de su resiliencia. Con las manos entumecidas y los pies acalambrados, avanzaban con la certeza de que cada esfuerzo valía la pena en su búsqueda por un futuro en libertad. El mar se convertía en un testigo silencioso de su dolor y su esperanza, mientras el destino dictaba el rumbo de su travesía.

El éxodo

Caridad Moreno y José Luis Rodríguez nacieron en Valle de Viñales, de donde nunca salieron, igual que su hijo Heberto, aunque el espíritu aventurero y hasta quimérico de este lo transportaba a través de sus libros a lejanas fronteras en busca de respuestas a tantas preguntas que rondaban su cabeza.

El padre de Heberto al igual que la mayoría de los hombres de la región era agricultor, y cultivaba tabaco por imperativo del régimen que los obligaba a vender su producción al Gobierno. Aunque les permitían quedarse con el veinte por ciento de la producción para elaborar cigarros de uso personal.

José Luis administraba como oro ese veinte por ciento que le permitían quedarse, y un cinco por ciento más, que con astucia robaba a los militares de su propia cosecha, o lo conseguía de la producción de sus vecinos mediante trueques. Con la hoja de tabaco creaba un cigarro original y de gran calidad que vendía como verdadera obra de arte a turistas de todas partes del mundo que llegaban a la región a conocer el origen de la hoja más famosa del país. Lo hacían recorriendo los rincones más inhóspitos de la región en busca del origen de la planta.

LUCIÉRNAGAS EN EL MAR CARIBE

***

El padre de Heberto les ofrecía una amplia explicación sobre la plantación, elaboración y conservación de la hoja. Después, vendía sus cigarros a quien más caro los pagaba. Y así, zigzagueando al Gobierno convirtió su negocio en uno de los más importantes de la zona, porque le aportaba cuantiosas cantidades de divisas que ahorraba debajo del colchón con el propósito de ayudar a su único hijo a conseguir su sueño: Ingresar en la prestigiosa universidad de La Habana, como estudiante de Periodismo.

***

Desde que era un niño Heberto había mostrado interés en ayudar a menguar el dolor y las lamentaciones de los ciudadanos de su pueblo. Aunque creía que su familia y todos los que vivían en la región eran personas afortunadas y privilegiadas, comparativamente con otras provincias del país, porque ellos habían crecido rodeados de hermosas formaciones montañosas y ríos que llenaban sus vidas de plenitud. Habían sido premiados con hermosos atardeceres y con el aroma de las hojas del tabaco en el proceso de secado.

Sin embargo, en las grandes ciudades del país faltaba hasta lo imprescindible para subsistir. Según fue convirtiéndose en jovencito, también fue ampliando sus conocimientos sobre la vida en todas sus vertientes. Y comenzó a dudar de los beneficios propagandísticos que anunciaba el régimen.

Poco a poco fue dilucidando sus ideales hasta aclarar sus perspectivas de vida.

Amaba y respetaba la naturaleza de manera imponderable, porque le proporcionaba las energías necesarias para vivir. El verdor de sus praderas lo ayudaba a controlar sus inexplicables tormentas emocionales, que trastornaban e impacientaban su sueño por la necesidad de actuar y dar un paso adelante.

***

Heberto fue creciendo con una ilusión: emigrar a la gran ciudad en busca de su sueño. Aunque estar lejos de la naturaleza donde había crecido sería una de sus mayores desventuras e igual de sacrificado y triste como alejarse de sus progenitores.

Los años pasaban muy deprisa para la madre de Heberto mientras veía como su hijo se iba convirtiendo en un adolescente con tesón y control absoluto de su persona, con el fin de ser un hombre de esos que llamaba ella «hombres de bien». Era entrañable entre los suyos y entre las personas mayores de su pueblo, que agradecían su inquietud, por incitarlos a realizar actividades que los evadieran y alejaran de la amarga soledad que habitaba en muchos de ellos como si fuera la peste.

Una soledad a la que involuntariamente estaban sometidos: unos por el abandono de sus hijos los que habían huido por presiones políticas, y otros por la miseria social.

Desde muy temprana edad, Heberto decidió no comulgar con la Revolución ni con el régimen comunista al que estaba sometido, llegando a poner en peligro su vida por defender a su pueblo para que no fuera esclavizado con el látigo opresor del régimen.

Sus comentarios atrevidos y duras críticas en público siendo un adolescente fueron un desacierto y, gracias a los amigos de la familia que abogaban en su nombre como si fuera su hijo, evitaron que los demás dieran valor a las críticas vertidas por él, en contra del régimen comunista y su comandante.

***

El Cigala, amigo de José Luis, su padre, era un prestamista respetable que manejaba dinero y financiaba los viajes en balsas de los que soñaban con abandonar el país. Y eran financiados por familiares que vivían en el en extranjero. Con osadía y desparpajo reían sus ocurrencias, pero a la vez advertían a su padre las consecuencias que podría acarrear el niño, si continuaba mostrando en público sus opiniones, que comenzaban a tener notoriedad. El Cigala, intentaba quitarles importancia a los comentarios inoportunos vertidos por Heberto, delante de los demás. Porque ponía en peligro no solo a su persona…, sino también a su familia.

Con una sonrisa sarcástica y algo estridente, el Cigala intentaba desviar la atención; y decía a los presentes en la plaza:

—¡Qué muchacho! No le pongan atención, son críticas infundadas de un adolescente con ganas de protagonismo.

Pero la realidad, era que Heberto continuaba con más fuerzas sus críticas y presumía de su oratoria y facilidad para convencer a sus interlocutores, ajeno a las consecuencias que pudieran causar sus fatídicas opiniones. Pudiendo repercutir en sus estudios, y no tener la oportunidad de conseguir una plaza en la universidad más prestigiosa del país, donde era casi imposible matricularse para alguien de provincia. Excepto que fuera integrante activo del

Partido Comunista o de los comités vecinales; conocidos como los chivatos de los barrios.

***

Heberto se sentía orgulloso de sus proezas y expresaba sin temor a represalias la falta de piedad y conmiseración del régimen con su pueblo. El mismo pueblo que recibía al comandante con ovación en sus mítines y aclamaba sin cesar su nombre como si fuera un mesías y no el verdugo que había cegado a una sociedad con puras mentiras.

Debido a su implicación y derribo con respecto al régimen, Heberto tuvo que soportar gritos e improperios de jóvenes de la misma edad que él, convertidos en desechos humanos a causa del maldito alcohol que estaba malogrando la juventud de su pueblo con la intención de acosar e intimidar a personas como él, por pensar o actuar de forma diferente al régimen.

Eran jóvenes de carácter maleable, marionetas teledirigidas a cambio de botellas de ron barato, y obligados a actuar en contra de su verdadera ideología política. Al ver esas acciones despreciables de sus compatriotas, se convencía más de que el comunismo solo había traído pobreza y corrupción en la evolución social y económica de su país.

Sus sueños y aspiraciones

Cursar la carrera de Periodismo o cualquier licenciatura en la Universidad de La Habana era inaccesible para la mayoría de los cubanos, aunque el mensaje repetitivo y cansino que llegaba a la sociedad era que todos eran iguales y tenían los mismos derechos. ¡Pero todo aquello era solo un decir! Derechos no había ninguno. Los políticos tenían el control y asignaban las plazas según sus conveniencias. La mayoría de los jóvenes que venían de otras provincias no lograban entrar, unos porque estaban fichados por la brigada regional como desobedientes u opositores del régimen y otros porque no contaban con conocidos dentro del Gobierno que pudiera resolverlo con una llamada milagrosa. Afortunadamente, y a pesar de sus continuos descréditos hacia el régimen en público, Heberto no estaba fichado; una ventaja sobre los demás jóvenes que pensaban como él.

Esperanzado por llegar algún día a ser periodista de la prensa independiente, fue admitido en la Universidad de La Habana como siempre había soñado. Se mostró eufórico, aunque prudente con su buena suerte. Lo entristecía la falta de ponderación a la hora de asignar las plazas universitarias, donde él se sentía cómplice por actuar igual que los corruptos y delincuentes que vivían a su alrededor. Aquellos a los que su padre tuvo que sobornar con gran cantidad de dinero para lograr que él ingresara.

***

Creía que como periodista tendría la libertad de expresar libremente su ideología política y que ese sería el primer paso o escalón para animar a su pueblo a manifestarse sin miedo y a enfrentar a los abusadores del régimen, que los convertía en esclavos en su propio país.

La mayoría de los hombres y mujeres de su edad adoraban al comandante por encima del Dios omnipotente, lloraban de emoción en cada uno de sus mítines populares, que desgraciadamente eran cada vez más frecuentes. Un comandante varonil y elegante que a todas y todos enamoraba, engatusando con sus elocuentes e hipócritas palabras, capaz de persuadir a un país que eufórico intentaba llegar a él para tocarlo, aunque tuviera que pasar por encima de los guardaespaldas.

Siendo solo un niño de doce años había aceptado el régimen político como la mejor de las opciones, además de mostrarse orgulloso de la Revolución, igual que los demás compañeros de clases, los que con fervor y orgullo antes de comenzar el día en la escuela mostraban su bandera, enalteciendo el nombre del comandante bajo la atenta mirada del Ché Guevara y otros héroes nacionales de la Revolución que adornaban los murales del centro escolar. Pero poco a poco fue descubriendo por sí mismo la realidad de su país, mientras otros jóvenes continuaban con el fanatismo enfermizo. Sin embargo, las personas mayores que eran culpables de la situación política del país, por haber apoyado y ayudado a perpetuar en el poder al comandante, lloraban de desánimo al sentir en su piel el abismo y desamparo social que los arrastraba. Lo habían convertido en un país cegado y renuente a escuchar la realidad de hechos palmarios que, sin embargo, continuaban dando créditos a un vende ilusiones, obstinado y cerril, que, sin la más mínima piedad pisoteaba a su antojo la dignidad de toda una nación.

Heberto ya era un apuesto joven de ideas claras y palabras contundentes que continuaba inmiscuyéndose en la política, a pesar de las advertencias de sus padres. Ellos se dieron cuenta de que él era incapaz de esconderse y vivir a espaldas de las injusticias que padecían los ciudadanos de su país, a diferencia de otros. Él era cabal y valiente, a pesar de los riesgos y consecuencias que acarreaba ser opositor del régimen. Afligido y desolado se sentía al ver la ovación con la que el pueblo se entregaba a los que él consideraba sus sanguinarios opresores.

Sus padres temían por su vida, aunque les tranquilizaba lo lejos que estaba de la gran ciudad y la certeza de que ningún vecino sería capaz de denunciarlo ante los militares como opositor, debido al ingente respeto que les profesaban a ellos. Eran personas apreciables de la provincia donde habían vivido toda su vida. En su pueblo contaban con la única biblioteca de la región. Un palacete colonial con amplios salones de techos altos ubicado en el centro del pueblo, donde se impartían clases de pintura y música a niños y adolescentes. Fue allí donde comenzó a sentir pasión por la lectura y donde encontró el lugar perfecto para evadirse de su mundo imperfecto.

***

Sus inquietudes llevaron a Heberto a ojear todos los libros de la biblioteca que tenía a su alcance. Los devoraba y disfrutaba al máximo de su lectura y entre sus preferidos estaban los poemarios y los de música, porque en ellos encontraba la hermosura que avivaba sus aventuras imaginarias y le hacían levitar de placer.

No es que fueran grandes obras literarias de reconocidos escritores, pero sí lo suficientemente buenas como para transportarlo al lugar idóneo, donde poder recrear su mente sin tener que recurrir a biografías de dictadores sanguinarios que solo enaltecían sus fechorías y beneficios de la Revolución. Una revolución que los humillaba y hacía débiles, porque no les enseñaba a luchar por sus sueños para mejorar su calidad de vida. Al contrario: los obligaba a vivir entre miserias, como si esa fuera la mejor opción a la que podían aspirar en el mundo.

A los únicos libros que se podía tener acceso libremente eran los recomendados por profesores y que ellos mismos utilizaban en las escuelas para adoctrinar a sus alumnos, con la intención de cegar sus ojos y apartarlos del mundo real con mentiras.

Cuando volvía de la escuela llegaba con el rostro desencajado del hambre y ansioso por disfrutar la suculenta comida que con mimos preparaba su madre. De inmediato iba al comedor y en la mesa encontraba sus habichuelas negras con arroz blanco que tanto le gustaban, las que acompañaba con huevos fritos unos días y otros con carne de cerdo rehogado con papas guisadas… Una laboriosa y caliente comida, cocinada por su madre con todo el cariño para su hijo mimado y su mayor orgullo. En él veía sus ilusiones y frustraciones. Cuando terminaba con su copiosa comida que compartía junto a sus padres, se iba al patio a reposar y echarse una siestecita en su hamaca, bajo la sombra de un frondoso árbol que adornaba el patio.

Se quedaba traspuesto al sentir el frescor del aire al contacto con su piel. A los veinte minutos despertaba inmerso en una paz que lo envolvía e inspiraba a desnudarse entre poemas de reconocidos poetas cubanos como José María Heredia, que eran fáciles de conseguir. Nunca perdió la esperanza de poder leer algún día los poemas de prestigiosos poetas españoles. En ocasiones, cuando alcanzaba el álgido de su inspiración, también escribía sus propios poemas, motivado por la naturaleza que llenaba de vida su entorno.

Uno de esos días de dispersión caminaba por sus largos y frescos pasillos cuando escuchó a una persona cantar con voz de mujer.

***

Su voz traspasaba las paredes de los salones y se expandía por los pasillos como la pólvora. Caminó por el pasillo persiguiendo la voz hasta llegar al salón. Abrió la puerta despacio para conocer a quien cantaba como los ángeles, en una melodía llena de connotaciones que desorientaron hasta a los insectos que rodeaban la sala y que terminaron pegados a los cristales de las ventanas.

Al abrir la puerta quedó prendado de aquella mujer cuya cabellera fue lo único que pudo ver, porque estaba de espalda a la puerta, sentada en una banqueta de niños. Tocaba su guitarra y cantaba ajena a todas las miradas, entonando canciones de cuna en un tono rasgado y repleto de sentimientos. Todos los alumnos a su alrededor la escuchaban atónitos y sin pestañear formando una circunferencia. Todos, emocionados aplaudieron al terminar.

Heberto no hizo ruidos al entrar al salón y se colocó justo detrás de ella, evitando asustarla con su presencia o interrumpir su canción. Ella se sorprendió al encontrarse con su mirada, aunque le mostró la mejor de sus sonrisas.

Extrañada con su presencia, le preguntó:

—¿Busca a alguien, joven?

Él estupefacto se quedó al contemplar su rostro cubierto por unas enormes gafas negras. Aquella joven de piel blanquecina y rostro caucásico le impactó; jamás la había visto antes. Desasosegado le contestó:

—No, señorita, no busco nada especial, pero al contemplar la belleza con la que toca la guitarra y entona sus melodías estoy más que seguro de haberlo encontrado.

La joven se mostró incrédula y sorprendida por sus palabras con clara expresión de hastío. Él sonriente, la imaginaba y se burlaba en silencio de ella.

—Tu presencia no me incomoda —dijo ella—. Y si estás interesado en quedarte, toma asiento. Hoy serás nuestro invitado.

Él se acomodó en la banqueta y ella continuó con las clases, ajena a su presencia.

Al escucharla de nuevo tocar la guitarra, comenzó a sentir mariposas en el estómago y desagradables picores invadieron sus manos. Pero, sobre todo, nacía en él una curiosidad manifiesta de conocerla. La joven no había terminado la canción cuando vehemente la interrumpió.

—¡Enséñame a tocar la guitarra como lo haces!

Ella le sonrió con picardía sin dejar su interpretación. Y

cuando terminó la canción, él le preguntó si tendría otra oportunidad para disfrutar de su voz, exhortando la petición de participar en sus clases, no como invitado, sino como alumno.

Ella le explicó la dificultad de entrar en su grupo, pero sus súplicas no se hicieron esperar al escuchar tajante su negativa. Manifestó que podía compartir las clases sin ningún tipo de prejuicios con niños menores de catorce años, como los que la arropaban mientras ella cantaba.

Insistente y hostigado estuvo un largo rato con preguntas en espera de un sí; estaba obsesionado con aprender a tocar la guitarra como lo hacía ella. La profesora, al escucharlo, hizo un comentario malévolo:

—Si realmente deseas aprender a tocar la guitarra, no me cabe la menor duda de que podrás conseguirlo... pero nunca lograrás tocarla como yo. Para mí, es más que un instrumento musical; es mi amante, mi amor platónico y en cada resorte le dejo mi alma y lobreguez.

Heberto rio a carcajadas al escuchar sus palabras, burlándose de su romanticismo y le preguntó:

—¿Al menos, me dirás cómo te llamas?

—Qué importancia tiene mi nombre —replicó de forma cortante y con cara de pocos amigos—. Mi nombre es Lola, pero no se equivoque conmigo joven, no soy una romántica de lágrimas fáciles. Aprendí que el romanticismo es como una película anodina. Nimias palabrerías que en una época de mi vida afectaron mi persona.

Él se detuvo a observarla con una mirada gélida y descompuesto por su comentario intentó cambiarle el tema. Había percibido una denotada tristeza en sus palabras... y aunque, no podía ver sus ojos para intuir su tormentosa vida, debido a sus oscuras gafas, insistió en preguntarle:

—¿Me vas a enseñar, sí o no?

—No está en mis manos esa decisión —dijo ella—. Este es un grupo numeroso y no se aceptan más inscripciones.

Obstinado y persistente, continuó rechistando hasta convencerla de lo conveniente que fuera para su grupo que él formara parte de su elenco.

—Quiero ser tu discípulo —dijo—. Me eclipsas con tu voz. Y quiero tener el privilegio de descubrir de primera mano lo que transmites con cada una de tus notas, es algo indecible... No hay palabras para explicar el sentimiento que provocas en mí cuando cantas.

Ella, sonrojada, le exigió un poco de mesura y que parase con su hostigamiento. Lo invitó a que presentara su solicitud ante la administración, para que ellos valoraran la posibilidad de acoplarlo en algún grupo. Y a continuación, le dio la espalda y caminó hasta el fondo del salón, donde colocó su guitarra.

Él entre dientes y con una sonrisa triunfante, mirándola fijamente murmuró:

—Es rezongona como mi madre, pero me ayudará con el trámite. Lo percibo en su voz; terminará aceptándome.

Lola recogió sus cosas para marcharse después de despedir a todos los niños, pero antes se dirigió a Heberto y le dijo lo siguiente:

—Soy una profesora exigente, pero tus plegarias han ablandado mi corazón.

Entonces, ella misma le entregó la aplicación de solicitud para que la rellenara y lo animó a dejarlo todo hecho en ese preciso momento. Le prometió que abordaría personalmente su expediente con la administración.

Él se alegró de escucharla y se comprometió a dejarlo hecho antes de marcharse, también le prometió regresar al día siguiente para ver qué noticias le daban. Sin embargo, por diferentes motivos no pudo regresar a la biblioteca hasta la semana siguiente.

Lola, sin noticias suyas durante una semana, pensó que había perdido su tiempo con un joven tonto y caprichoso.

Exasperada, decía:

—No puedo creer, que después de tantas suplicas no aparezca a preguntar por su expediente.

Y una semana más tarde, Heberto acudió a su cita en busca de la mujer que lo había hecho sentir mariposas en el estómago cuando tocaba su guitarra. La mujer que había encandilado de una forma mágica sus sueños y que sus ojos veían distinta a las demás.

***

Volvió, aunque tarde, pero volvió a la biblioteca a preguntar por su expediente y le dieron la buena noticia de que su solicitud había sido aceptada gracias a las recomendaciones de la profesora Lola ante el coordinador de grupos.

Heberto en todo momento se mostró agradecido por la oportunidad y se dirigió a su aula para darle las gracias personalmente…, y, sobre todo para explicarle las razones de su ausencia.

Solucionado el malentendido entre ellos, él le expresó la intención de comenzar esa misma tarde sus clases de guitarra.

—Me siento preparado para asumir el reto —le dijo, emocionado.

De repente algo cambió

Comenzó a asistir todas las tardes a clases de guitarra sin faltar un solo día. Escuchaba sus canciones y aprendía de su metodología sin pestañear, interactuando con los demás estudiantes de entre diez y catorce años, sin importarle su edad, porque su principal objetivo era conseguir acariciar la guitarra como lo hacía su entrañable profesora. La misma que se estaba convirtiendo en una obsesión para él.

Las tardes comenzaron a hacerse inexcusables, arrastrado por una simbiosis magnética que lo envolvía día tras día. El tiempo se detenía cuando estaba junto a ella. Obnubilado, la observaba con discreción.

Lola disfrutaba tocando su guitarra y devorando los libros de música que magnificaban sus sentimientos y enriquecían su formación como profesora. Se había entregado por completo a su trabajo, consiguiendo que los alumnos amaran y entendieran la música como un instrumento liberador de sufrimientos. Porque era la receta perfecta que la había ayudado a enfrentar sus trastornos emocionales.

***

Con la muerte de su madre siendo apenas una niña, Lola había tenido que aprender a evadirse de los malos recuerdos. Había llegado a convertirse en una especialista a la hora de fingir o esconder sus emociones.

Reinventó sus días, proyectando imágenes de dulces recuerdos que distrajeran su mente. Recreaba las excitantes vivencias de las que había disfrutado junto a su familia y no las que realmente estaba atravesando en tan duros momentos de dolor.

A causa de su soledad, encontró en su guitarra resignación y compañía para hacer frente a sus peores momentos, afrontando la situación con frialdad y librando con ella cada una de las batallas que le había producido ese gran vacío.

Durante muchos años, Lola vio sufrir a su padre por la pérdida de su gran amor a causa de un fulminante cáncer de ovarios. Su padre era un músico español que había llegado a Valle de Viñales desesperado, acompañado de su guitarra y su hija Lola, de tan solo diez años, huyendo de la experiencia más desagradable que había vivido en su vida.

Llegó al pueblo con la intención de olvidar y comenzar de nuevo, dejando atrás un pasado que no era capaz de asumir ni aceptar. Lo hizo motivado por la amistad que había forjado con el comandante en jefe del país, a quien había conocido en España en unos de sus conciertos de flamenco.

Su esposa había sido su más fiel compañera de viaje y fan número uno. Lo había acompañado en cada uno de sus conciertos por España y Europa, disfrutando de cada una de sus actuaciones. Ella sentía una alta estima y admiración por su marido.

***

Y así, con el viaje a Valle de Viñales, comenzó su padre una nueva vida, rodeado de músicos como él, aunque persistían sus amarguras y rencores por su pérdida. En el pueblo creyó encontrar un lugar enclavado en el tiempo que le ayudara a borrar los recuerdos que le impedían continuar con su vida, que lo hacían sentirse perdido y sin ganas de vivir. Había en él una necesidad imperiosa de parar el reloj y reconstruir su vida junto a lo único que le quedaba en el mundo; su pequeña Lola.

Al poco tiempo de llegar al país donde construiría su nuevo hogar comenzó a conocer a otros músicos como él, con los que compartía su tiempo libre. Y todos los domingos en la plaza del pueblo amenizaban el momento, intentando alegrar sus días y apartando los problemas que cabalgaban sobre sus espaldas. Llenaban aquel espacio de ritmo caribeño y flamenco para el disfrute de los residentes. La plaza se fue convirtiendo en una cita obligada para músicos y poetas de la provincia y de todos sus rincones.

***

Lola y Heberto, a pesar de la diferencia de edad que existía entre ellos, cuando compartían su tiempo disfrutaban el uno del otro sin tener la sensación de estar fuera de lugar. Se complementaban y dialogaban sobre temas relevantes que afectaban al país. Se convirtieron en grandes confidentes. Poco a poco ella fue descubriendo los gustos de Heberto y su afición por la lectura. Este era un *hobby* que compartían. Entonces, decidió darle una sorpresa al hablarle sobre las grandes obras literarias de famosos escritores del Siglo de Oro que ella poseía, además de tener la primera novela moderna, la cual prometió que le permitirá disfrutar. Eran todas grandes obras literarias que su padre había traído de España cuando habían emigrado.

Incrédulo, pero ilusionado con el comentario, la abrazó efusivamente. Además, Lola se atrevió a proponerle que las leyeran juntos, como lo hacía ella con su padre cuando era niña.

Solo pasaron quince días y Lola cumplió con su promesa. Lo invitó a los mogotes, donde, subidos en una roca, ella recostada sobre sus piernas, comenzaron a disfrutar de la lectura varios días a la semana.

Lola leía con entusiasmo las aventuras de Sancho, mientras que él escuchaba su acento sutil y elegante de sus raíces españolas, a pesar de haber transcurrido tanto tiempo viviendo en un país de adopción.

Cuando el sol comenzaba a ponerse, Lola rápidamente se ponía de pie y lo obligaba a incorporarse. Planchaba con sus manos su ropa y con celeridad se marchaba sin explicaciones. Pero antes de perderse de vista miraba hacia atrás y, con voz estridente, decía:

—¡Hasta mañana, te veo en la biblioteca!

Lo decía chillando como una adolescente enamorada que a pasos agigantados desaparecía del valle. Él se quedaba descompuesto cada vez que ella se marchaba, sin saber qué tan relevantes eran sus responsabilidades que justificaban un adiós de tan fría manera. Pero nunca tuvo el valor de pedirle explicación.

Lola comenzaba también a sentirse extraña y no encontraba una explicación coherente a la necesidad imperiosa de estar cerca de él. Absorta de tanto necesitarlo, temía las consecuencias. Y se decía a sí misma: «si es solo un adolescente con ganas de descubrir el mundo...».

A él le fascinaba lo aventurera que era ella desde que era una niña, aprendió a conocer mundos y continentes a través de los libros con los que su padre la dormía todas las noches. Lola sentía un amor desmesurado por el hombre que había desempeñado un papel tan importante en su vida, principalmente cuando era solo una adolescente traviesa. Él había hecho que los recuerdos de su madre permanecieran intactos en ella, que nunca los dejara marchar.

Cuando ella nació, en su casa cambiaron las prioridades, al no poder ya su madre acompañarlo a sus conciertos, como hasta entonces. Ahora sus responsabilidades eran la educación y bienestar de su hija. No deseaban que su pequeña recorriera día tras día interminables carreteras, pasando noches en vela fuera de la comodidad de su hogar.

¡Éramos una sola pieza! —decía su padre al recordarla.

Lola recuerda la alegría de su padre al llegar a casa después de largas giras por todo el país. La casa se iluminaba con su entusiasmo. Su madre maquillaba su rostro y se vestía con sus mejores galas para recibirlo, y a ella le ponía el mejor vestido de domingo.

Repleto de regalos para sus princesas, como siempre las llamaba, atravesaba la puerta de la casa y ellas lo recibían con algarabía y júbilo.

Lo primero que él hacía al entrar era oler su piel, porque extrañaba su olor a bebé, que quería tatuar en sus entrañas. Después, la levantaba por los brazos y le daba vueltas y vueltas como si fuera un trompo, hasta que ella le rogaba que parase.

Pero ese hombre al que la vida le sonreía, de repente se

convirtió en un hombre amargado; en un caminante al que le habían arrebatado su familia cuando solo tenía cuarenta y cinco años. Esto lo dejó marcado y desorientado para toda su vida, porque nunca supo cómo cicatrizar tan honda herida.

***

Después de meses de relación de amistad entre Lola y Heberto, su trato era íntimo y personal. Un día, haciendo gala de la confianza que se profesaban, ella se atrevió a pedirle que la acompañara a visitar a su padre, quien estaba convaleciente de una operación de glaucoma.

Lola lo visitaba a diario para ayudarlo en sus necesidades. Era su única familia en el mundo, porque él siempre se negó la oportunidad de compartir su vida con otras mujeres, por temor a engañarlas al no ser capaz de olvidar a su gran amor, la que aún llevaba muy adentro y, según él, llevaría hasta su muerte. Se volvió egoísta y celoso de sus recuerdos, los que no deseaba compartir, porque eran una parte de su vida que solo le pertenecía a él.

Lola, de tantas veces escucharlo decir lo mismo, no le quedó más que aceptar y acatar su decisión. Lo dejó vivir con sus recuerdos impregnados en su almohada, al darse cuenta de que lo hacían feliz.

Aunque a veces no lograba entenderlo. Por un lado, necesitaba mantener esos recuerdos vivos y, sin embargo, se alejó de todos los lugares por los que alguna vez había pasado con su gran amor. Nunca más volvió a la casa familiar o al país que lo había visto nacer.

LUCIÉRNAGAS EN EL MAR CARIBE

***

Heberto aceptó encantado acompañarla a visitar a su padre. Al llegar a la casa, Lola sacó las llaves del bolso y abrió la puerta de la verja que protegía la entrada; después empujó la puerta principal que estaba entreabierta, para que corriera aire y refrescara el interior. Lo invitó a pasar y a esperarla en el salón principal, mientras, ella se dirigía a la habitación donde descansaba su padre.

Heberto, al ver aquel inmenso salón decorado con hermosos libros, en vez de sentarse se dirigió a la impresionante estantería de pura caoba que armoniosamente decoraba el salón. Los libros estaban colocados alfabéticamente según nombre del autor. Todos eran joyas de coleccionistas de un valor incalculable. Fascinado con todo lo que veía, no sabía cuál de ellos elegir, entre géneros tan diferentes. Comenzó a tocarlos uno a uno, estudiando los detalles de su encuadernación. Los que más llamaron su atención fueron los de piel con grabados a mano. Aquel arsenal, como decía él, era un sueño hecho realidad.

***

Él decía que los libros eran capaces de derrumbar las murallas más altas e inaccesibles sin derramar sangre.

No podía creer que en sus manos y tocándolos uno a uno tendría libros que solo se encontraban en bibliotecas de renombres, como la Biblioteca Nacional de La Habana, o en majestuosas casas y palacetes de políticos y personalidades a quien el Gobierno los cedía a cambio de propaganda política en prensa y periódicos internacionales de fama mundial. Los mismos que después estaban obligados a destacar en entrevistas el buen funcionamiento y la prosperidad con la que vivían los ciudadanos en el país.

Cuando Lola salió de la habitación para que su padre descansara, se dirigió al salón principal donde había dejado a Heberto, pero él continuaba absorto contemplando cada uno de los títulos de aquella imponente librería. Ella sonrió al verlo tan embelesado, estudiando minuciosamente cada uno de los libros.

Se acercó a él y le explicó la importancia que tenía para ella cada ejemplar. Después, sacó de la estantería su preferido. Un libro de cuentos infantiles de gran valor sentimental, con el que sus padres la dormían todas las noches.

Esa tarde, sin planificarlo, se convirtió en una velada de confesiones y en el escenario perfecto para compartir sus aficiones. Charlaron sobre autores y degustaron pasteles de guayaba con queso y colada caliente, mientras su padre continuaba descansando en la alcoba.

A Heberto le intrigaba saber cómo su padre había logrado conservar todos esos libros, sin que el Gobierno se los expropiase, como hacía con todos los objetos de valor cultural que llegaban al país, para después exhibirlos en museos y bibliotecas como patrimonio cultural. Y solicitó a Lola que le permitiera pasar a hablar con su padre, pero a ella no le pareció coherente molestarlo.

Lola se hizo la desentendida al escuchar el comentario y caminó hasta el extremo izquierdo del salón, donde guardaba los discos. Buscó entre la colección y escogió uno en particular, que sopló con su boca para quitarle parte del polvo acumulado de estar tanto tiempo guardado en el cajón… sin utilizarse. Encendió el tocadiscos y comenzó a sonar una hermosa canción de añoranza de una artista de la época. Lola tomó sus manos y lo invitó a que la acompañara en el baile. Su rostro enrojeció dejando al descubierto al adolescente y no al hombre de ideas claras con ganas de comerse el mundo, que aparentaba ser.

***

Heberto, sorprendido por su ocurrencia, dudó en aceptar su propuesta. Ella, tiraba de él, obligándole a caminar hasta el centro del salón, como si se dirigieran a una pista de baile.

Heberto musitó:

—Que conste que no sé bailar.

Ella sonrió.

—¡Para eso estoy aquí! Yo te enseñaré.

Colocó las manos de Heberto en su cintura, mientras las suyas se posaban en su cuello, acercándose a él hasta sentir su respiración. Heberto, al tenerla tan cerca, intentaba mirar sus ojos por la intriga de conocer su mirada. Pero aquellas gafas oscuras que cubrían su rostro lo impedían. Se quedó con las ganas de conocer sus pensamientos y personalidad a través de ellos. Se preguntaba una y otra vez, qué escondía su mirada.

Él constantemente dilucidaba acerca de los miedos y temores de los que en ocasiones ella le había hablado. Su negativa a mostrar su rostro al descubierto persistía, era el gran tabú en su relación de amistad. Su cabeza estaba hecha un lío, repleta de dudas y preguntas sin formular por temor a su reacción.

Ella comenzó a moverse con sensualidad, tocando su pelo y balanceando sus caderas de un lado a otro a ritmo de la canción, como una diosa poseída. Heberto atolondrado, se dejaba llevar y con una enternecida sonrisa agarraba fuerte su cintura y rozaba su rostro sobre el suyo. Sus andrógenos se descontrolaron y temblaba entre sus brazos, mientras, ella bailaba atada a su cuello. Al terminar la canción continuaron enardecidos.

Ella se estremecía desenfrenadamente y, sintiendo su erección y palpitar, lo besó repentinamente.

***

Avergonzada, se disculpó por lo ocurrido.

—¡Perdóname, no fue mi intención!

Mientras, en su mirada contemplaba la edad de un joven inexperto, y no al hombre que la envolvía con sus emotivas palabras. Volvió a disculparse con él, ruborizada por haberse dejado enajenar con la canción, que desató en su cuerpo unos instintos… que creyó haber olvidado.

Apaciguado el momento y recuperada la cordura, Lola recogió sus cosas y le dijo:

—Debemos marcharnos, se hace tarde. Caminaron hasta la puerta de la calle.

Él tartamudeando le abrió su corazón para mostrarle toda su sinceridad al decirle:

—Algo maravilloso está sucediendo dentro de mí desde hace un tiempo, y siento que te quiero.

Entonces, ella al escuchar abiertamente su declaración de amor, mientras cerraba la puerta dio un portazo como si pegara a una pared intentando derribarla. Y antes de marcharse, le dijo:

—Perdóname por el arrebato, pero no quiero que nadie sienta eso por mí. ¡Porque siempre es una gran mentira! Además,

no soy mujer para ti. ¡Podría ser tu madre!
Y se marchó.
Mientras Lola caminaba hacia su casa se dio la vuelta y le hizo un gesto de cariño a Heberto, formando un corazón con sus dedos. Él permanecía inmóvil frente a la casa de su padre observando su cuerpo al andar.

Esa mujer llenaba de júbilo su corazón y no estaba a dispuesto a dejarla escapar. Se impacientaba por descubrir y experimentar junto a ella la vida.

Prometió ir a buscarla al día siguiente, advirtiéndole de que no era capaz de alejarse o sacarla de su mente. Y le repitió tres veces...
—Te buscaré.
Así de sorprendente terminó la tarde y desde entonces comenzaron una relación templada para ella, y, sin embargo, incontrolada para él.

***

Entre tantas tardes de música y poesías observándola a través de sus oscuras gafas, comenzó a idealizarla como a una afrodita. Era extraño para él, que, a pesar de tantas confesiones entre sus brazos, aún no le permitía inmiscuirse en su vida con preguntas personales. Y decidió continuar su relación... sin preguntas. Su única intención era que ella le correspondiera. No quería forzarla a hablar de lo que no quería, seguro de que un día ella lo haría por sí sola.
Las sensaciones nuevas y experiencias que estaba viviendo junto a Lola, lo tenían trastornado, eran distintas a las sucedidas con otras adolescentes a las que había conocido. Su madre temía las

consecuencias de una relación tan dispar. Porque Heberto era solo un adolescente de diecisiete años y la chica con la que soñaba le doblaba la edad. Su madre se mostraba intranquila, pues lo creía frágil y fácil de manipular por una mujer experimentada y vivida como Lola.

Después de varios meses asistiendo a las clases de guitarra con Lola, Heberto comenzó a tocar boleros de grandes artistas de la época, de esos que hacían soñar. A Lola le impresionaba que a un joven de su edad no le agradaran los ritmos movidos, como la salsa o el son.

Los sábados, cuando acompañaba a su padre a trabajar al campo, Heberto llevaba colgada a la espalda la guitarra que le había regalado, cuando él se había empeñado en aprender a tocar. En los descansos la cogía y entonaba hermosas canciones para su padre, haciéndole el día más agradable. Su padre nunca lo había obligado a acompañarlo al campo, porque conocía muy bien sus sueños. Él aspiraba a otras cosas en la vida y no a sembrar o cultivar tabaco como lo hacía su padre, él que nunca se quejó del trabajo que realizaba, porque amaba lo que hacía y disfrutaba trabajando la tierra. Sin embargo, su esposa Caridad siempre se mostró insatisfecha con la vida que les había tocado vivir.

En sus años de estudiante, Caridad había intentado matricularse en la universidad para estudiar Medicina, motivada por el meritorio historial que habían alcanzado grandes médicos cubanos en todo el mundo. Y por vocación soñaba con ser pediatra, le encantaban los niños, sin embargo, Dios solo le había dado uno.

Pasaba el tiempo y las cosas no eran como ella pensaba; el sistema se había corrompido al convertir a los médicos en espías militares, en vez de en personas capacitadas para salvar vidas. Los exponían a peligros y calamidades fuera de su país y los obligaban a llevar un mensaje falaz muy lejos de la realidad. Pero sabían que eran imprescindibles para mantener un régimen injusto con el que muchos de ellos no comulgaban.

***

Siempre se lamentaba de que la medicina se había convertido en una profesión puramente política, donde la mayoría de los médicos especialistas, incluyendo a los profesores de universidad, habían abandonado el país porque no habían aceptado el deterioro que había alcanzado su profesión. Lo que fue un día reclamo y envidia en todo el mundo solo quedaban páginas escritas de un largo historial.

A su hijo desde pequeño le inculcó el amor por los estudios y la necesidad de superación personal. En él reflejaba sus ilusiones y frustraciones, esperanzada en que los jóvenes cambiarían el rumbo político y económico que atravesaba el país, con nuevos proyectos futuros que motivasen a los ciudadanos a salir del hoyo donde se encontraban.

Caridad se entristecía al ver a todas esas personas mayores a las que la Revolución un día había embaucado y en ese momento lloraban por sus acciones acometidas en el pasado. No les bastaría la vida entera para arrepentirse de sus actos, reflexionaba.

Ellos, que creyeron ciegamente en un vende ilusiones que los explotó e hizo trabajar, supuestamente en beneficio del pueblo y lo único que hacían era enriquecer a los dirigentes del régimen, que nunca se habían preocupado por su bienestar, ni por su pueblo al que habían esclavizado durante años.

En su hijo ella veía a una generación de valientes con visión de futuro. A jóvenes optimistas que defendían sus derechos como ciudadanos con el fin de rehacer un país de oportunidades, alejado del populismo que los invadía como si fuera un virus.

***

Se acababa el fin de semana caluroso y daba paso a un lunes fresco, donde todos se reincorporaron a su día a día. Heberto se quedó dormido entre las sábanas porque se sentía un poco constipado. Una fuerte tos le impidió conciliar el sueño durante la noche. Al despertar su madre le preparó un té para aliviar los dolores en el pecho. Se puso la camiseta para salir al patio en busca de aire que aliviara su ahogo. Se sentó debajo de su árbol favorito a escuchar la lluvia caer y el canto de los pájaros que volaban en busca de un refugio donde cobijarse.

De repente apareció Luzmila, la vecina que vivía en la casita de atrás con su marido, un agricultor que padecía una inflamación del nervio ciático, lo que le dificultaba trabajar en el campo. Esto ponía en peligro su cosecha.

Ella, al ver a Heberto a esa hora de la mañana debajo del árbol, contemplando la lluvia, se extrañó de que no estuviera en el instituto. En el pueblo era conocido por su disciplina y amor por los estudios.

—¿Hola, muchacho, estás enfermo? —preguntó Luzmila.

Él le devolvió el saludo con la mejor de sus sonrisas y en su rostro una curiosidad por preguntar. Llevaba días observando las extrañas salidas y entradas de su vecina, siempre con ropa provocativa que dejaban ver sus curvas. Su maquillaje era extravagante y destacaba sus voluptuosos labios. Entraba con hombres de diferentes nacionalidades aprovechando las ausencias de su esposo.

Heberto imaginaba la situación, y entendía perfectamente a lo que se dedicaba su vecina. Ella siempre manejaba dinero para comprar lujosos artículos y ropa fina. Había sido de las primeras personas en el pueblo en tener televisor y radio, aparte de un carro que conducía ella misma y una fantástica moto que había regalado a su esposo.

Heberto no era capaz de juzgarla, pero sí reprobaba lo vomitiva de la situación por la que pasaban muchas mujeres en su intento de vivir dignamente.

En sus ojos ella leyó sus pensamientos y el significado de aquella mirada que hablaba por sí sola. Entonces, lo cuestionó para qué se desahogara y le dijera cara a cara lo que pensaba de ella.

—¡Pregúntame, muchacho! Me comes con la mirada. Sé lo curioso que eres.

»—¿Qué es lo que te intriga?

Él, sorprendido y respetuoso, le respondió:

—No entiendo a lo que se refiere, señora Luzmila.

—Lo veo en tu cara —añadió ella—. Quiero saber lo que piensas sobre mí. Sé valiente y atrévete a preguntarme.

» Te has convertido en un apuesto hombre y no en el pequeñajo que años atrás corría por las plantaciones de tabaco, elevando cometas o detrás de caballitos y mariposas que volaban a tu alrededor. Pero antes de que lo hagas voy a aclarar algo: A veces, la vida es cruel y nos empuja a tomar decisiones que en ocasiones son erróneas, o indecorosas, pero, nos sirven como alternativa cuando se trata de proteger a los que amamos para que no sufran. A través de las vicisitudes, te das cuenta de que eres capaz de perder tu dignidad, cuando se trata de salvaguardar la vida de los tuyos.

Al escuchar su lamento, Heberto apretó sus dientes evitando decir algo que pudiera ofenderla.

—Tiene usted razón, señora Luzmila. Debo decirle que no es mi intención cuestionar su persona o forma de vivir.

Entonces, Luzmila se achantó al escucharlo y caminó escurridiza hasta la acera, donde la esperaba su próximo cliente.

Era bochornoso lo que él presenciaba a su alrededor. Mujeres y hombres sometidos y arrastrados por la desesperación, que utilizaban su cuerpo como arma de supervivencia, en beneficio de depredadores sexuales de todo el mundo, que llegaban al país en busca de presas fáciles y perturbadas, que carecían de lo más mínimo para sobrevivir.

Después de aquel escarmiento o lección de supervivencia que le había dado Luzmila, le quedó claro que solo eran víctimas de un sistema que asfixiaba a sus ciudadanos y los empujaba a venderse de cualquier manera. Todo aquello, que día a día vivía en su piel, era el principal motivo que lo impulsaba a ser mejor con el prójimo y prepararse para enfrentar a sus detractores.

Se vistió deprisa para irse al instituto e intentar llegar a las dos últimas horas de clases. Terminaba su último año escolar y quería hacerlo con méritos académicos. Estaba a punto de comenzar otra etapa en su vida.

LUCIÉRNAGAS EN EL MAR CARIBE

Lola y sus responsabilidades

Cuando Lola llegaba a su hogar era madre y esposa al cuidado de su marido Néstor, con el que llevaba diez años de casada, y de su hija Miriam, por la que era capaz de enfrentarse a sus demonios pasionales si se interponía entre ellas.

Tenía solo dieciocho años cuando creyó conocer al amor de su vida, un bailarín que a ritmo de música conquistaba sus presas en una famosa barra nocturna de Pinar del Río, donde los fines de semana su padre tocaba la guitarra y ella se deleitaba de tanto sentimiento. Los clientes que frecuentaban el lugar aplaudían cada una de las interpretaciones de su padre y, así, entre boleros conoció a su marido. Él no dejó de mirarla con descaro toda la noche y no dudó en invitarla a bailar. Ella quedó prendida de sus halagos y galanterías.

Entre luces tenues y boleros las parejas daban rienda suelta a sus sentimientos. A Néstor sólo le bastaron treinta días para conquistarla y hacerla su esposa. Ella se enamoró perdidamente de él y no dudó en aceptar su propuesta de matrimonio; comenzaron una vida en común convencidos de que sería para toda la vida.

Los primeros cinco años de relación conyugal demostraron una gran complicidad y derrocharon su amor delante de sus amigos. Era la pareja perfecta y envidiada por todos. Néstor se desvivía por agradar a su esposa, llenándola de atenciones y demostrando con hechos su amor hasta hacerla enloquecer de felicidad. Para ella no había otro mundo que no fuera el que compartía con él. Aunque no era del agrado de su padre, quien conocía la fama del bailarín y sus múltiples romances. Pero respetaba y aceptaba sus decisiones y la dejaba actuar y vivir a su manera, acorde a sus decisiones y sentimientos.

Después de vivir unos años su amor intensamente, decidieron dar un paso más en su relación y formar una familia con la llegada de niños. Lo que ella esperaba que fuera un acontecimiento hermoso y fortalecedor entre ellos, desembocó en un efecto contrario y se convirtió en la principal causa del deterioro en su estrecha relación.

Desesperada, le preguntó qué había sucedido con el hombre que hacía unos meses gritaba al mundo que se había casado con la mujer más maravillosa y hermosa del mundo; por qué ahora comenzaba a ignorarla y a desmerecer su aspecto físico, al burlarse de que su figura estaba ensanchando. Para ella era inexplicable la situación y en su cabeza se cruzaban pensamientos homicidas con respecto al bebé que venía en camino. Se trastornó al punto de culpar a su bebé de la desesperación que estaba padeciendo.

Su marido ya no tenía ojos para ella, sus curvas habían desaparecido con el embarazo y la presión a la que estaba sometida hizo que continuara cogiendo más kilos. En los largos y oscuros días de ansiedad la arropaba la maldita soledad cuando él la privaba de su compañía.

Los vientos ya no soplaban en la dirección esperada y un sentimiento terrorífico estrujaba su corazón al sentir cómo se alejaba. Y comenzó a descuidar su pequeño mundo, ¡su hogar!; el que habían jurado defender en las buenas y en las malas. Entonces, llegaron las mentiras que dejaron sinsabores —amantes, que aparecían y desaparecían como por arte de magia.

***

El hombre que susurraba sus oídos se convirtió de la noche a la mañana en un ser distinto al que había conocido. En un manipulador que engañaba sin piedad y no sentía resquemor por el daño que causaba a su esposa. Habían pasado los años en que hacía alarde de su felicidad y de la paz que reinaba en su hogar. Sus salidas nocturnas eran interminables, con llegadas a horas intempestivas, cada vez más frecuentes.

Todo comenzó cuando él dejó de llevarla a sus presentaciones, como lo hacía antes de su embarazo. Se divertían bailando, ajenos al mundo que los rodeaba, ella era su más fiel fan; como una vez lo había sido su madre de su padre.

Desde que conoció su forma de ganarse la vida, aceptó el mundo al que pertenecía. Estaba convencida de que nunca sería un obstáculo o un motivo de discusión entre ellos. Comprendía perfectamente su trabajo y los sacrificios que conllevaba. Pero había una diferencia muy grande entre el comportamiento de su padre y el de su marido, se lamentaba al comparar.

Para su padre trabajar entre clubs y discotecas nunca había sido una causa de distracción de sus responsabilidades familiares; él nunca había tonteado con otras mujeres que pudieran inducirle a cometer actos deleznables que repercutieran en su vida familiar.

Lola era distinta a las mujeres de su pueblo; la habían educado con valores diferentes a los de otras jovencitas del país. Le habían enseñado a respetarse y darse a respetar como mujer, sin aguantar amantes y humillaciones que ultrajaran su persona. En sus duros momentos recordaba las palabras de su padre: La mujer debe de ser siempre la joya de la casa, la amiga del hombre y la madre de los hijos, pero nunca un complemento inservible a la que se pueda irrespetar como si fuera una cosa.

***

Las maratonianas salidas de Néstor por todas las ciudades del país con sus espectáculos de baile comenzaron a alejarlo de su hogar y desencadenaron en ella, inseguridades que agravaron sus frenéticos celos. Y luchaba cada día contra ese sentimiento destructor que invadía su razón, apoderándose de su propio yo, al no saber dónde y con quien pasaba las noches su marido cuando estaba fuera de la casa.

Eran largas noches que toreaba mirando al techo, mientras destrozaba con sus dientes las uñas de sus manos hasta provocar ensangrentadas heridas, en espera de su llegada.

Cuando él aparecía por la puerta, ella lo recibía con una sonrisa, demostrando su alegría y lo mucho que lo amaba, igual como lo hacía su madre cuando volvía su padre a casa. Néstor siempre encontraba la excusa perfecta a sus reclamos y lograba reconquistarla con caricias y te quiero que apaciguaban su ira. Juntos volvían a la cama y entre su pecho dormía plácidamente hasta media mañana. Todo quedaba en el olvido, mientras él la colmaba de mimos y juraba que era la única mujer en su vida. Pero la situación se tornaba difícil, cuando aparecía en estado de embriaguez con olor a perfume de mujer y la camisa pintoreteada de carmín.

Sus salidas nocturnas no mermaban y ella terminó buscando la compañía de su padre para evitar la ansiedad que le producía la soledad de su hogar. Lola comenzó a dudar del amor que Néstor le profesaba, ya no soportaba su ominosa actitud.

Como toda mujer; astuta e intuitiva decidió buscar las respuestas a sus preguntas en los bolsillos de su ropa y en los bolsos de viajes que llevaba en sus salidas. Y…, por desgracia, encontró respuesta a todas las incógnitas.

***

Como él no mostraba arrepentimiento de sus actos, ella se desconcertaba y perdía la compostura cuando le reprochaba su comportamiento soez y le exigía explicaciones. Una fatídica madrugada de calientes discusiones, cuando ella intentaba impedir que él entrara en la cama conyugal con olor nauseabundo a alcohol y cigarro, la empujó bruscamente tratando de quitársela de encima. Desafortunadamente, ella pisó en falso y fue a dar con el bordillo de la cama. Este perforó gravemente la retina de uno de sus ojos, aparte de provocarle una fuerte herida en el párpado izquierdo. Él al verla sangrar se enterneció, ella gritaba con pesadumbre:

—¡Dios mío, mi ojo, mi ojo!

Y se sujetaba la barriga, asegurándose que el bebé estuviera bien. Néstor trató de incorporarla cogiéndola del suelo entre sus brazos para llevarla a urgencias, temiendo que el bebé se hubiera lastimado con el golpe, acción que nunca se perdonaría. De inmediato, en urgencias la examinaron para evaluar sus daños y los del bebé. Ambos sintieron un descargo de responsabilidad cuando los médicos les certificaron que todo estaba bien.

Preguntaron a Lola la causa de la herida, ella se mostró en todo momento serena y alegó con seguridad en sus palabras que el golpe había sido fortuito. Sin embargo, su pronóstico era desolador: Perdió la visión del ojo.

***

Lola salió del hospital alicaída, sin saber el camino a seguir. Su matrimonio se desmoronaba y aquel fatídico accidente con el que había perdido la visión de un ojo, le recordaría a cada instante la asquerosa y cobarde acción de su marido. Y aun con todo eso, ella intentaba reconducir su vida e ignorando la realidad; un silencio que se convertía en llantos de desesperación.

Las múltiples llamadas anónimas de amantes despechadas continuaban. Llamadas que a veces era un desesperado silencio que se convertía de repente en carcajadas. Otras veces, en palabras burlonas informándole de todas las fulanas con las que se revolcaba su marido.

Cansada de soportar vejaciones, con un estruendo en su voz al límite, chillaba:

—Hola, hola, ¡quién eres! ¡Al menos dígame su nombre! —decía.

Pero al no tener respuestas colgaba el teléfono o lo estampaba sobre la pared. Continuaban insistiendo hasta que Néstor contestaba. Él sospechaba quién podría ser y rápido se levantaba a contestar, ella lo seguía y permanecía detrás de la pared intentando escuchar la conversación, pero su tono de voz al hablar era sigiloso para no llamar su atención.

Se daba cuenta que él las engañaba a todas como lo hacía con ella. Encontraba las palabras mágicas que querían escuchar hasta hacerlas caer rendidas a sus pies.

—¡Maldito! —decía Lola, enardecida al escuchar sus ácidas palabras.

Respiraba profundo para evitar cuestionarlo con preguntas y respuestas que eran obvias y solo servirían para empeorar la relación.

—Al fin y al cabo, todas ellas eran sus víctimas; a las que martiriza con falsas promesas y después abandona sin pudor como trapos viejos —refunfuñaba Lola, de un lado al otro del dormitorio.

Aunque poco a poco fue dándose cuenta de que su marido se había convertido en un depredador de mujeres, mientras ella miraba para otro lado intentando salvar lo que quedaba de su matrimonio.

La melancolía la invadía al no reconocerlo y ver en él a un ser insaciable, al que no le importaba el dolor que causaba con sus falsas promesas. Pero, aun con todo lo que estaba viviendo, continuaba con su firme decisión de luchar por su matrimonio, excusando sus acciones delante de los demás, para que no le juzgaran y continuaran viendo al buen marido que aparentaba ser. Sin embargo, sus amigas criticaban su actitud masoquista, así que empezó a esconderles a ellas también sus horripilantes escenas matrimoniales. Como cuando perdió la visión del ojo, siempre lo disfrazó delante de los demás como un accidente doméstico sin importancia.

Pasaban los meses y su embarazo continuaba creciendo entre penas y glorias; las giras de Néstor se convirtieron en salidas de siete y quince días y solo la llamaba muy de vez en cuando para preguntar cómo estaba el bebé. Ella intentaba alargar esas llamadas contándole algún hecho relevante o recordando el amor que sentía por él, pero todo lo que hacía era en vano y siempre predominaban sus reiteradas excusas.

—Tengo que dejarte ya… en pocos minutos comenzarán los ensayos —y sin más; colgaba con frialdad.

En ocasiones, la desesperación la llevó a llamar a teatros y discotecas haciéndose pasar por otra persona y preguntando por Anastasia, su bailarina principal, quien era su confidente y le daba razón de él, cuando llevaba días sin conocer su paradero. Lograba así tranquilizar su ansiedad. Ella se mostraba amable y colaboradora e intentaba ayudarla a solucionar los problemas de la relación.

***

Lola siempre estaba en espera de una llamada de Néstor para saber el día de su regreso, que se convertía en el más importante y anhelado para ella. Se vestía con sus mejores galas y maquillaba su rostro en busca de unas palabras de aliento. Y cuando él llegaba lo atosigaba con sus apasionados besos y una mesa decorada con rosas naturales que daban color a su comida preferida para festejar con júbilo la vuelta a casa. Le demostraba con fervor que estaba dispuesta a salvar su relación.

***

Entonces, olvidaban sus desavenencias y como fiera devoradora ella deseaba sentir su piel junto a la de él, buscando desesperadamente sus caricias. Estrecharlo entre sus brazos era el remedio que calmaba su ansiedad. Él lo sabía y complacía todos sus deseos, llenándola de placer hasta dejarla extasiada. Ella entre sus brazos le recordaba el gran amor que sentía por él, y por la familia que habían construidos juntos.

Los pocos días que pasaba junto a ella la hacía sentir la mujer más maravillosa del mundo, conquistándola en el lecho de su alcoba al decirle que era su único y gran amor. Aunque a Néstor le preocupaban los cambios tan radicales en el humor de Lola; unas veces le daba por llorar y otras por reír, unas por tener sexo y otras por huir. Entonces, decidió acompañarla a ver al ginecólogo en busca de respuestas.

Cuando le comentó sobre sus frecuentes cambios de humor y actividad sexual, el médico lo tranquilizó al decirle que todo eran fruto del trastorno hormonal que estaba experimentando su cuerpo debido a su embarazo. Néstor expuso al médico su miedo a que la intensa actividad sexual que había entre ellos pudiera afectar al bebé que venía en camino.

Pero se mostró conforme con la explicación del médico, al asegurarle, que más bien era beneficioso para los dos. A ella la desestresaba y relajaba su mente y esa tranquilidad emocional era lo que necesitaba su bebé para nacer fuerte.

Pero toda esa felicidad que sentía Lola se esfumaba cuando su marido volvía a decirle que se marchaba por sus compromisos de trabajo. Se encontraba en el último mes de embarazo y entre lágrimas le suplicaba que no se alejara durante mucho tiempo de ella. Él sentía una grata ilusión por la feliz llegada e hizo todo lo posible para no alterar su tranquilidad y pasar el mayor tiempo acompañándola en su recta final. Por nada en el mundo deseaba perderse el momento del nacimiento de su hijo; sin embargo, continuaba con sus desenfrenadas salidas como si de un adolescente se tratara.

Ella cegaba sus ojos a la realidad por la indignación que le producía la doble vida que él llevaba, pero no podía prohibirle a su corazón que dejara de latir y suspirar por el único hombre que había conocido en su vida, a quien le había entregado todo su mundo. Fueron muchos los días que se sentía morir y buscaba en sus melodías intrínsecas la fuerza que le ayudara a evadir su realidad, sintiéndose por momentos pletórica cuando ganaba la batalla al sosiego, o desesperada cuando la hacían sentir nimia. En ocasiones distorsionaba la realidad para defender lo indefendible. Su frustración la hacía decaer al ver su familia rota, pero una fuerza arrolladora la motivaba a luchar contra viento y marea para salvar su matrimonio.

Tenía una vida junto a su marido y rehusaba perderla, porque en el fondo pensaba que Néstor no deseaba abandonar a su familia. La quería junto a él, pero sin preguntas ni reclamos. Había en él, una necesidad imperiosa de satisfacer sus deseos sexuales con otras mujeres a las que no amaba, solo las utilizaba para tener sexo a su antojo.

Ya no le quedaban fuerzas para continuar y optó por huir de la realidad para no discutir con él. Al menos, mantuvo la convivencia en su hogar, lejos de reproches y reclamos, que terminaban perjudicándola más a ella que a él. Evitaba que su marido los abandonara, y que su hijo no tuviera la oportunidad de disfrutar de su padre en sus primeras horas de nacido. Entonces, comenzó a priorizar sus decisiones, valorando más al padre que se desvivía de solo pensar que su hijo estaba por llegar y a liberar poco a poco al hombre que ya no la amaba.

Sus insatisfacciones la herían en lo más profundo, y desencadenaron en pérdida de autoestima. Se mostraba desconcertada, al creer que su marido se regodeaba de su frustración. Y seguía sin entender su actitud ni los conceptos familiares que pregonaba. Siempre, esgrimía nuevos argumentos para convencerla de la necesidad de permanecer juntos. Cabizbaja pensaba que su marido le estaba haciendo pasar por los mismos sinsabores que había pasado su madre y que él vivió —siendo solo un adolescente—. Su madre no pudo soportar el abandono de su marido, y ver su familia desestructurada la llevó a tomar la peor de las decisiones, quitarse la vida, dejando a tres niños huérfanos en manos de un borracho como su padre.

Fue tal la tristeza que provocó en él su pérdida que actuaba como si estuviera vengándose de ella. Porque a pesar de los años que habían pasado desde el suceso, él no había podido superar su pérdida.

Una noche de soledad y perturbación al límite de lo que Lola era capaz de soportar, sentía que perdía la batalla al no tener fuerzas para enfrentar con decisión sus miedos y se dejaba arrastrar por los demonios a las profundidades; desde donde no era capaz de salir.

La única alegría en su vida en tan tormentosos momentos era pensar en la carita de su bebé al nacer.

LILIAN NUÑEZ

Néstor y Lola se convierten en padres

Néstor intentaba cumplir su promesa de no alejarse de la casa con temor a que llegara el momento y no se encontrase junto a su mujer. Sus salidas nocturnas menguaron bastante y solo salía cuando era imprescindible; además, intentaba volver a la casa cuanto antes.

En las dos últimas semanas de embarazo de Lola, Néstor estuvo obsesivamente pendiente de ella y se comportaba de la misma forma que lo había hecho al principio de su embarazo, cuando, al verla demacrada y con fuertes vómitos, había presagiado lo peor: que padeciera una enfermedad grave que afectara a su hijo. Respiró tranquilo cuando el médico le garantizó que los vómitos eran normales en mujeres primerizas.

Esa madrugada, Lola se despertó antes de lo habitual, porque no encontraba la postura adecuada para relajarse y conciliar el sueño. Se levantó cuando empezó a sentir fuertes calambres en el abdomen. Se movía de un lado a otro en forma de rodillo, sujetando con una almohada su barriga. Las recomendaciones que le había dado el doctor para mitigar la incomodidad no fueron certeras y el dolor intenso y regular persistía, afectando su espalda y su cuerpo con una sensación de frío.

Su molestia persistía y una falsa necesidad de hacer pis

la obligaba a pasar largos ratos sentada en la taza del váter, donde calculaba las frecuencias y el ritmo de las contracciones, cuando de repente sintió como salía de su vagina una cantidad de agua con mucosidad y sangre que alteró por completo sus nervios. Se levantó de la taza y colocó las manos en su vagina con miedo a que se le pudiera salir el niño, debido al desprendimiento del tapón mucoso y rompimiento del saco de ácido amniótico, que la alteraron por desconocimiento.

Asustada y con voz estridente llamó a su marido: No había dudas, el momento de la feliz espera había llegado.

Ella fue prudente con él, porque no deseaba que volviera a pasar lo mismo del mes pasado, cuando ella creyó que había llegado el momento del parto porque su barriga se recogió como un balón, con ligeras molestias irregulares.

Néstor salió como un loco con ella para el hospital. A la llegada, examinaron rápidamente el cuello del útero para conocer su dilatación y determinaron que aún no había dilatado lo suficiente. Quedó todo en una falsa alarma de primeriza. Lola se sintió avergonzada por el revuelo; sin embargo, en esta ocasión, estaba convencida de que sus síntomas eran distintos a los que la habían llevado a equivocarse.

—¡Néstor, Néstor! Ven de prisa, por favor.

Néstor llegó exhausto después de escuchar sus gritos. Ella le explicó con voz entrecortada y él miró la taza del váter y, al ver la mucosidad ensangrentada, dijo:

— ¡Vamos, vamos! —Y de inmediato la cogió del brazo ayudándola a caminar—. ¡Ven, te ayudaré a vestirte!

La cara desencajada y los labios rojizos de Lola a causa de los mordiscos que delataban su sufrimiento desesperó más a su marido. Entonces, cogió la bolsa del bebé que Lola había preparado y colocado estratégicamente a la salida de la casa desde hacía dos meses.

Néstor se la colgó en el hombro y con cuidado ayudó a su mujer a subir a la camioneta.

Todo ocurrió muy deprisa, fue un parto rápido y sin complicaciones. Juntos celebraron el acontecimiento más esperado de los últimos meses: La llegada al mundo de su bebé. Y tal como deseaba su madre, fue premiada con una hermosa niña a la que llamaron Miriam, en honor a su abuela.

Néstor derrochaba felicidad con la noticia y Lola creyó haber recuperado al hombre que amaba y que era una pieza fundamental en su vida. Pero solo habían pasado dos semanas desde el nacimiento de su hija, cuando Néstor volvió a las andadas, con sus ajetreadas salidas a otras provincias.

De nuevo le tocaba lidiar con las indefectibles mentiras y todos sus engaños.

Fue una ilusa al creer que el nacimiento de su hija sería un aliciente reconductor en su matrimonio; le duró muy poco.

Sus viajes eran aún de más larga duración y con falsas excusas intentaba disculparse. La chantajeaba al decirle que gracias a su sacrificio y propinas en dólares que recibía de los turistas que frecuentaban teatros y bares donde actuaba, ellos vivían más acomodados. Pero la realidad no era esa, pues las sustanciosas ganancias eran fruto de su trabajo encubierto: Néstor, contaba con catálogos y portafolios de señoritas de todas las edades, que ofrecía a turistas llegados de todas partes del mundo, para satisfacer sus anómalas fantasías sexuales. Además de proporcionarles acompañantes por horas o días, también les ofrecían lugar donde intimar.

***

Había muchas casas de familias en todo el país convertidas en picaderos sexuales para turistas. Familias que generaban grandes ingresos extras y aligeraban el yugo de su pobreza al prestar sus casas para intimar por horas a turistas de todo el mundo. Este trabajo les permitía algunos caprichos extras para sus hijos; algo tan cotidiano en cualquier parte del mundo, como llevarlos a comer helados, para ellos era casi un milagro.

***

Lola, volvió a suplicarle que no la dejara sola con su recién nacida hija. En alguna ocasión, intentó convencerlo de que ella también podía trabajar para ayudar en la economía de la casa. Era profesora de música y sabía que por las relaciones de su padre con la militancia política sería fácil acceder a una plaza como profesora en la biblioteca del pueblo. Pero Néstor se negaba con rotundidad, porque esa proposición era ofensiva para su persona.

Le preocupaba el qué dirán, o que sus amigos pusieran en entredicho su hombría. Irritada por la forma de pensar y los conceptos morales de su marido, Lola intentaba hacer caso omiso a sus palabras. Entonces, él, a pecho abierto y apretando sus prominentes mandíbulas le gritaba...

—Soy quien lleva los pantalones en esta casa y se hará lo que yo ordene.

La situación llegó a ser tan crítica entre ellos que ni siquiera la llamaba para informarle de su llegada como antes. Salía y entraba sin avisar.

A Lola los nervios la escocían como si navegara en un enjambre de abejas y por dentro sus celos explotaban al no saber dónde y con quién se encontraba su marido.

Después de varios meses de sopesar la decisión de salir a trabajar, a pesar de la negativa de su marido, decidió probar suerte, convencida de que sería un paso adelante en su vida y que la ayudaría a calmar su estado de ansiedad. Porque esa maldita soledad en ocasiones la trastornaba sin apenas darse cuenta.

Tenía en su vida a alguien por quien luchar, para ayudarla a crecer fuerte y tratar de evitarle lo que desgraciadamente le había pasado a ella. A pesar del amor incondicional de su padre creció sintiéndose incompleta e insegura de sí misma, por la falta de su madre en la adolescencia, a pesar de todos los esfuerzos que había hecho su padre por hacerla una mujer fuerte con capacidad para sobreponerse a las adversidades.

***

Estaba decidida a actuar y curarse por su hija, liberando de su cuerpo todos los demonios del pasado. Cualquier aliciente era viable si con ello recuperaba su sosiego y paz interior. Fue entonces como llegó a la biblioteca del pueblo a enseñar a tocar la guitarra a niños menores y mayores de catorce años.

***

Con la vuelta a casa de su marido sus días fluctuaban de

suaves a intensos; él era en ocasiones el hombre cariñoso que la hacía sentir mujer y no el egoísta despiadado que solo se interesaba por su propio bienestar. El que ya ni se molestaba en disculparse con mentiras piadosas como años atrás, mentiras, que en esos momentos de su vida fueron la receta perfecta a sus frustraciones, porque anestesiaban su realidad, evadiéndola por completo de sus sufrimientos.

Pero volvieron sus temores al rechazarla como mujer, apenas la tocaba. Los pocos días que pasaban juntos cuando volvía de sus giras los dedicaba por completo a su hija, a pesar de que ella le mendigaba sus caricias.

Con estoicismo volvía a intentar recuperar al hombre que un día la amó, aunque a veces tiraba la toalla. Recurrió a recuerdos y vivencias a través de fotografías, recordándole los hermosos años que habían compartido, para obligarlo a rememorar sus días de gloria, cuando se juraban amor eterno. En ella siempre hubo esperanza de que él reflexionara y volviera a su vida. Que era su esposa e hija. Intentó sacarlo de las tinieblas y del mundo de depravación donde se había perdido desde hacía años, convirtiéndose en una persona intratable.

Anhelaba a toda costa reconquistarlo y volver a tenerlo en sus brazos, era todo lo que le pedía a la vida; en ocasiones lo lograba. Pero despertaba al caer con rudeza desde lo más alto, al comprobar que solo era sexo, como con el resto de sus amantes: Un sexo inducido e incitado por las artimañas de una mujer enamorada... Un sexo humillante y por obligación, sin caricias ni chispas: En definitiva, un sexo —crudo e insípido—.

***

Habían pasado los años en los que él intentaba disculparse ante su mujer tapando el sol con un dedo y ella jugaba a creer sus mentiras por conveniencia. Con mucha sangre fría, mientras él le juraba que ella era el amor de su vida y le hacía el amor una y mil veces a ella le importó poco o nada sus aventuras con unas y otras fulanas. Entonces, miraba para otro lado para no sentir la vergüenza o el asco que le producía su traición. Pero todo cambió, cuando llegaron sus rechazos y entonces la sumergió en el más insufrible dolor incidental. Era tan profundo que en ocasiones no le permitía respirar y se ahogaba en su saliva. Y poco a poco fue entrando en una profunda depresión con la que tuvo que lidiar sola durante mucho tiempo. No lograba comprender lo que pasaba por más que buscaba una explicación… y terminó por desgarrar su alma y circunvalar su mente. Fue entonces cuando las iras de una mujer despechada en busca de una reacción la impulsaron a odiarlo o estrangularlo cuando dormía plácidamente pensando en otra. Desconsolada y fruto de su infortunio, lloraba por los rincones culpando a su marido de ser un cobarde, por su incapacidad de enfrentar la situación y continuar con sus falsas promesas, que confundían mucho más sus sentimientos.

Su nueva vida como profesora de música

Cuando comenzó a trabajar en la biblioteca del pueblo, reconoció que fue el analgésico perfecto para contrarrestar su soledad…, y el único lugar donde podía olvidarse por completo de su desdicha. Pasaba horas de dispersión y felicidad rodeada de niños, mientras a su pequeña la cuidaban entre la vecina y su padre, que siempre estuvo a su lado para apoyarla.

Todos los días volvía caminando o en bicicleta a la casa al terminar las clases; el ejercicio la ayudaba en su desahogo espiritual.

Eran muchos los días que se desviaba de su ruta y se refugiaba bajo el manto verde de los mogotes del valle. Se adentraba en las cuevas en busca del frescor de las aguas que mojaban sus pies y después con los brazos abiertos les imploraba que vertieran sobre ella el valor y las energías que poseían sobre la faz de la tierra, que las hacía mantenerse perennes a pesar de soportar con rudeza las inclemencias de la madre naturaleza.

Con el sonido del agua y la meditación era capaz de liberar tensiones y calmar el sofocón en la más abrupta naturaleza. Después de un largo rato meditando, salía de las cuevas reforzada para enfrentar su triste realidad: Un marido que la engañaba y que no deseaba su cuerpo, aunque fingía ante los demás que la vida seguía igual. Un hombre con el que compartía cama, mesa y una hija; la que reía, ajena a las tristezas que desbordaba el corazón de su madre. En sus ojitos solo había júbilo de ver a sus padres reír.

***

Llegaba a la casa derrotada de cansancio, se daba una ducha junto a su hija y después le preparaba la cena para meterla en cama junto a ella.

Aunque ella no conseguía dormir, era el momento de ver pasar cada uno de sus miedos sobre su cabeza. Miedos que le ocasionaban taquicardias con las que tuvo que lidiar sola, para no dar lástima.

Néstor solía quedarse en el comedor durante un largo rato. Y cuando llegaba a la habitación, ella aún permanecía despierta, aunque se hacía la dormida. Él despacito y a oscuras se colocaba junto a ella sin hacer el más mínimo ruido, creyéndola dormida.

***

La convivencia continuaba deteriorándose entre ellos; cada día se hacía más complicada. Y una pena tremenda le causaba a Lola saber que su marido se revolvía con guarras sin escrúpulos, capaces de romper matrimonios sin importarles el daño que pudiesen causar. Sin dudarlo un minuto más, entendió que su relación era nociva y sin sentido, una relación tóxica donde solo existía amor y respeto por parte de una persona, porque la otra era un hombre machista y autoritario que la destruía lentamente...

Después de agotar todas las vías posibles, tomó la penosa

decisión de abandonar al padre de su hija. Entendió y aceptó el fracaso como el camino *sine qua non* para comenzar de nuevo, aprendiendo de los errores y aceptando sus consecuencias.

***

Lola aprovechó uno de los largos viajes de su marido para preparar las maletas y marcharse con su hija. No aguantaba más la situación de sentirse como muerta en vida. Ya no disfrutaba ni siquiera de lo que la ilusionaba y más amaba en la vida... Porque la vida había dejado de tener sentido para ella. Porque ya no era la mujer sonriente que amaba la música y se aferraba a la vida a pesar de sus dificultades.

Estaba decidida a huir de un funesto matrimonio que había amargado y destruido los últimos años de su vida. Un matrimonio que la obligaba a tapar el rostro de la vergüenza, a través de unas gafas negras que cubrían su personalidad. No quería seguir siendo la mujer amargada y llena de frustraciones a la que le hervía la piel como a un volcán en ebullición, por no haber sabido reconocer a tiempo al pérfido e insidioso hombre que tenía como marido. Él había acabado poco a poco con su persona, hasta el punto de no reconocerse ante el espejo..., porque a quien veía reflejada era a otra persona distinta.

Cuando Néstor regresó de su viaje no las encontró en la casa; se quedó desconcertado al encontrar en la cocina una carta escrita por su mujer en la que le explicaba su marcha. Cuando la leyó enloqueció y con furia destrozó todo lo que tenía a su alrededor. La idea de perder a su familia lo trastornó. En la carta, Lola le rogaba que no la buscase más, porque había decidido emprender una nueva vida con su hija, alejada de él. Néstor dejó las maletas que traía y salió de nuevo en la camioneta para la casa del padre de Lola, en su búsqueda.

Ella en la carta no le dijo su paradero, pero él tuvo claro desde un principio que se refugiaba allí.

***

A Lola le llevó mucho tiempo tomar la decisión por miedo a la reacción de Néstor, porque él, sería capaz de todo si no las encontraba en la casa. Su manera de amar era incomprensible para ella. No tenía palabras para explicar el por qué se había humillado tanto ante una persona que no mostraba ni pizca de arrepentimiento por lo que la hacía pasar. Ese hombre maldito, que la crucificaba y arrastraba a los infiernos, mientras ella luchaba por mantenerse a flote. Pero había llegado el momento de quitarse la venda, después de haber estado ciega por mucho tiempo.

Tal vez sus amigas las tildaran de masoquista, porque no eran capaces de entender las incongruentes decisiones de una mujer enamorada y comprometida con el matrimonio y bienestar de su familia. Ella, era solo una mujer que después de mucho tiempo se había dado cuenta de las veces que se había equivocado, por amar al hombre inadecuado. El que le había enseñado todo en la vida.

Pero nunca era tarde para reconocer los errores cometidos en una relación enfermiza y tóxica, que la había llevado a la deriva entre gélidas y hostiles situaciones, se disculpaba Lola.

—Aunque no siempre es todo malo —decía.

Porque el sufrimiento la había obligado a aprender de sus

errores y a reconocer que todo en la vida tenía solución y dependía de las garras con las que quisiera enfrentar los dilemas.

Néstor, no se daba por vencido por que así era feliz: teniéndola a ella y a cinco fulanas más que satisficieran su maldito ego y estuvieran a su merced —se frustraba de solo pensar en su mezquindad—. Se comportaba como un destructor y detractor, como cualquier asesino de mujeres.

Lola enrojecida, se quejaba al entender lo estúpida que había sido al soportar tantos años su indiferencia, e idas y venidas. Él intentaba convencerla acosándola con insistencia y jurándole que no era capaz de vivir sin ellas, porque eran su verdadera familia —la única que tenía en el mundo—.

Lola observaba sus lágrimas de cocodrilo, pero ya no creía en él.

—¿Qué es una familia para ti? ¿Qué entiendes tú por concepto de familia? —llena de rabia le preguntó—. ¿Por qué no logro entender el modelo de familia que pretendes formar junto a mí? —le reclamaba entre gritos, cuando le vio entrar por la casa en su búsqueda.

Pero él, continuó con su teatro hasta lograr convencerla para que volviera a la casa conyugal —como lo hacía siempre—.

Ella nunca entendió por qué Néstor la retenía a su lado si no la amaba.

Él había aprendido a la perfección a manipularla con sus descarados chantajes, la había convencido de que ella era la culpable de su separación, debido a los celos enfermizos que la poseían como demonio en trance y no la dejaban ver la realidad... Le repetía por activa y pasiva que ella era su vida y que lo demás eran visiones sin fundamentos, donde ella veía amantes por doquier, fruto de su imaginación y desquicio.

    Lola estaba tan atrapada en sus mentiras que llegó al punto de pensar que estaba loca, al imaginar amantes que existían solo en su mente, fruto de su enajenación.

***

    No era que ella se conformara con migajas, pero veía el amor que él sentía por su hija y se enternecía. De alguna manera, Lola sentía conmiseración por él, al recordar los episodios traumatizantes que Néstor había tenido que pasar en su niñez, narrados entre lágrimas por él, cuando los tragos lo trastornaban.

    Entonces, ella reflexionaba y se mostraba dispuesta a renunciar a él como hombre, para intentar conservar al padre y que su hija no tuviese que pasar por el dolor que produce perder a un ser querido. Tenía muy malos recuerdos de cuando había perdido a su madre con solo diez añitos y tuvo que conformarse, solo con la compañía de su padre.

    Néstor era un hombre caprichoso y coqueto que le gustaba ser observado y adulado por mujeres que enaltecieran sus dotes de macho caribeño. A veces, Lola lo notaba abatido y derrotado y veía que intentaba camuflarse sobre una imagen de sí mismo que no correspondía con el hombre que ella había conocido. Los esfuerzos por realzar su ego y mantener su cuerpo musculado lo llevaban a ingerir dosis de metabolizantes que mermaban su salud.

    Él era incapaz de admitir el viacrucis por el que le hacía pasar y se mostraba fortalecido y más hombre delante de sus amigos, al alardear de todas las amantes con las que hacía el amor. Reafirmaba así su condición de amante perfecto, el semental idóneo que podía con todas y al que todas necesitaban. En ocasiones se sentía por encima del bien y del mal. Su fama de conquistador era la causa de su destrucción familiar y personal.

Lola se lamentaba de todo esto entre sollozos.

Su desgracia

Sábado 18 de abril de 2003, Néstor se marchaba de nuevo a La Habana y planificaba telefónicamente los pormenores del viaje con Anastasia, su bailarina principal. Lola, al escucharlo hablar por teléfono, se colocó detrás de la puerta con prudencia para escuchar sin ser descubierta. Era la única manera de enterarse de dónde y con quién dormía su marido. Pensó que ya nada de lo que escuchara le sorprendería, pero ese día recibió el mayor de los golpes, al enterarse de con quien planificaba su romántico viaje su marido, y a quién le calentaba la oreja diciéndole que deseaba su ardorosa piel.

Como una loca volvió al dormitorio y se encerró, mientras maldecía su vida y todo lo que le rodeaba, al pensar en lo ilusa que había sido.

—La metí en mi casa creyéndola mi amiga, mi paño de lágrimas, la mano que me daba consuelos cuando desesperada le hablaba de las amantes con las que se enredaba mi marido. Y sin embargo…, era ella…, esa bailarina de pacotilla, la que pretendía quedarse con mi marido —decía apesadumbrada.

Rabiosa, admitió su fracaso, mientras se movía de un lado al otro de la habitación rompiendo todo lo que encontraba a su paso y decía:

—¡A esa maldita la odio, odio! —Se mordía los labios de impotencia al recordar que ella los había acompañado y había cuidado de la casa mientras había estado ausente dando a luz. Y continuaba hablando sin parar...—. La que se vendió ante mí como una amiga desinteresada, resulta ser una mosca cojonera que tenía a mi marido obnubilado. Una fulana sin piedad, ni escrúpulos, de las que van por la vida destrozando familias y revolviéndose entre sábanas sucias, impregnadas del sudor y el aroma de otra mujer sin ningún pudor...

Lola continuaba llorando de impotencia, totalmente ofuscada.

Le consolaba saber que esa bailarina de fondas —como la llamaba—, no era la única en su lista..., y burlándose decía:

—A ella también la maltratará y la hará sentir poca cosa. La convertirá en una víctima igual que a mí, atrapada en un hombre tan falso como un trofeo falsificado. Otra tonta igual que yo, incapaz de tomar las riendas de su vida, con la esperanza de que él me abandone para casarse con ella.

»¡Ilusa! —decía. Y se reía sarcásticamente, mientras fumaba mirándose al espejo—. Quizás, hasta tenga que darte las gracias algún día, por quitarme la venda que me cegó tantos años... Pedazo de zorra —se desahogaba Lola.

***

La ciudad estaba repleta de actividades que celebraban el aniversario de la derrota de mercenarios en Bahía Cochinos y Néstor tenía programadas varias funciones en los teatros. Los niños en las calles jugaban al béisbol, mientras los padres eufóricos conversaban entre cervezas y botellas de ron que nunca faltaban en las celebraciones. También estaba el vecino que intentaba arrancar su Plymouth del 1955, que cuidaba como la joya de la corona.

Mujeres con rulos desde primera hora de la mañana que se preparaban para lucir el mejor peinado en las noches de rumbas, listas para deslumbrar a turistas que deambulaban en las calles, impresionados por la belleza de la ciudad y de sus mulatas que paseaban moviendo sus chapas de un lado a otro a ritmo de Son cubano. Vestidas al más puro estilo caribeño, eran mujeres que bebían desinhibidas como si el mundo se acabara mañana, olvidando por momentos las tristezas y penumbras que estaban acostumbradas a padecer.

Las calles estaban repletas de curiosos de todas partes del mundo, que llegaban con sus parejas a disfrutar del Caribe y otros que llegaban en busca de jineteras o de adolescentes con ganas de atrapar a un Yuma, del que fingían estar locamente enamoradas con el objetivo de que cuando se marcharan de nuevo a su país les enviaran dinero, que les servía para cubrir las necesidades de su familia o de su esposo, que en la mayoría de los casos aprobaban sin ningún pudor el trío amoroso.

***

Néstor había salido de Valle de Viñales hacía un mes y aún no había dado señal de su paradero a su esposa. Anastasia llevaba dos años en la compañía como bailarina principal y mano derecha de Néstor, quien permanecía a todas horas a su lado. Le bastaron unos días para llevarlo a la cama y alejarlo de su familia.

Cuando Lola descubrió su tórrido romance, se convenció

que Anastasia no era un simple polvo de una noche, como el resto de sus amantes. Él se había acostumbrado a su frescura y encantos de mujer, era la que lo acompañaba noche tras noche en sus largas giras.

***

Lola se achantó y temió competir con una mujer más joven que ella, con piel tersa y dura como la de una manzana verde, la única que había logrado que su marido descuidara sus responsabilidades familiares, a pesar de que ella había intentado retenerlo a su lado.

Lloraba resignada y decía:

—Es la única zorra capaz de apartarlo de mí y de su hija. La culpable de robarme el descanso espiritual y desatar mi desequilibrio personal —se lamentaba—. Aunque debo aceptar —dijo— que me ha hecho afrontar una situación que venía escondiendo hacía años —refunfuñaba con manos temblorosas, sentada en la marquesina de la casa, viendo la tarde caer.

Se balanceaba bruscamente en su balancín, imaginando los momentos de pasión que Anastasia había compartido con su marido en su propia casa.

—He sido una estúpida —dijo— por no darme cuenta antes.

Después, se tumbó en la cama y se quedó dormida hasta que tocaron su puerta para entregarle a la niña. Sus preocupaciones fueron menguando según fue encajando la vida que él deseaba llevar. Él siempre le había mentido cuando aseguraba que sus salidas eran solo de trabajo; sin embargo, el tiempo le dio la razón.

***

En el teatro Fausto del centro de La Habana, los asistentes esperaban a que comenzara la función.

Los bailarines habían llegado puntuales al teatro, llevaban más de dos horas ensayando y le extrañó que Néstor y Anastasia no hubieran llegado, pues siempre habían sido muy responsables y puntuales en el trabajo. Como personajes principales de la función, los cambios y matices de la obra dependían de ellos.

Pero ellos se habían dejado llevar de la euforia festiva que había en las calles y se habían encerrado en un motel de paso, de esos que promocionaba Néstor a turistas y que se alquilaban por horas también a matrimonios o novios para satisfacer sus deseos sexuales en la intimidad; la que no podían tener en su hogar, porque compartían la casa hasta con tres generaciones. Allí habían ido a beber y a dar rienda suelta a su pasión.

Se quedaron traspuestos y al despertar y percatarse de la hora, se levantaron con celeridad para llegar a tiempo a la función. Anochecía, cuando Néstor arrancó la camioneta, y las luces de cruce se apagaban y encendían como un árbol de Navidad, dejándolo por momentos sin visibilidad.

Las calles estaban poco iluminadas y el cielo cubierto de nubes empeoraba la visión al conducir. Corrían aires festeros y las calles del centro lucían animadas. Los espectadores comenzaban a ocupar impacientes sus asientos. Numerosas personas alrededor del teatro cruzaban de una calle a otra sin importarles el claxon de los coches. Néstor llegaba a la esquina del teatro, cuando se cruzaron con un camionero que hacía la ruta de Matanzas a La Habana, cargado de plátanos. El conductor exhausto del calor, impaciente por llegar a la casa conducía a una velocidad inadecuada por el centro.

Néstor, que también iba a gran velocidad, atravesó la calle de manera incorrecta intentando esquivar a los transeúntes que le impedían el paso, encontrándose con el camionero, a quien no le dio tiempo a frenar su vehículo y los embistió arrastrando su camioneta unos trescientos metros más allá. Todos corrieron de un lado a otro intentando ayudar a las víctimas del accidente con la esperanza de sacarlos con vida antes de que prendieran en llamas.

La carga del camión estaba esparcida por todas partes y dificultaba el rescate del conductor, que había quedado atrapado en los amasijos de hierros. Decenas de curiosos y delincuentes se acercaban al lugar para hacerse con el botín. De inmediato, llegaron ambulancia, bomberos y policías para recuperar los cuerpos atrapados en el interior de los vehículos y trasladarlos al hospital.

Después de sacar a los ocupantes debían identificarlos. La policía encontró guiones de obras literarias y fotos de una niña en el interior de la camioneta de Néstor. Sin embargo, los agentes no lograban el reconocimiento de esos dos cuerpos, debido a que ninguno de ellos llevaba documentación y la camioneta aparecía a nombre de una persona ya fallecida. Entonces, cruzaron la calle y se dirigieron al teatro en busca de más pistas para identificar a los ocupantes.

Cuando la policía irrumpió en el camerino, los bailarines de la compañía esperaban preocupados la llegada de Néstor y Anastasia.

Los agentes se identificaron mostrándoles su placa y después le informaron sobre el aparatoso accidente que había ocurrido a las puertas del teatro, donde había dos fallecidos y un único superviviente al que habían trasladado moribundo en ambulancia.

Sus compañeros se alteraron al escuchar a los agentes y de inmediato pensaron en Néstor y Anastasia. Uno de los policías sacó de su bolsillo una libreta y le enseñó el dibujo que habían hecho de la camioneta, y sus características. De inmediato, ellos le confirmaron que se trataba de Néstor, e imaginaron que la otra persona podría ser Anastasia.

Convencidos de que les había ocurrido un percance de fuerza mayor, porque jamás habían llegado tarde a una función. Entonces, salieron despavoridos a la calle, hasta con la ropa y el maquillaje de la función que llevaban puesto, a ver qué había pasado. A continuación, el presentador informó a los asistentes sobre la cancelación de la función a causa del imprevisto.

Los asistentes salían del teatro desconcertados y se encontraban con el revuelo que aún persistía en las inmediaciones de las calles.

Los bailarines se trasladaron al hospital donde se habían llevado los cuerpos con la esperanza de encontrar alguno de los dos con vida. Cuando llegaron y preguntaron por ellos, los enviaron a una sala de espera donde pasaron muchas horas sin que nadie les diera razón.

Continuaban intranquilos y varias horas después solo veían a médicos que corrían de un lado a otro y ninguno les decía nada al respecto. En todo ese tiempo de espera aprovecharon los baños para quitarse el maquillaje que llevaban aun en la cara.

El policía solo les dijo que de los tres cuerpos rescatados había dos muertos y que uno ello continuaba debatiéndose entre la vida y la muerte. Miraban al cielo con la esperanza de que al menos algunos de sus amigos estuviesen vivos. Necesitaban información precisa antes de avisar de la triste noticia a sus familiares. Aunque Yohanny estaba intranquilo por llamar a Lola.

***

Esa madrugada, Lola no podía dormir, se había espantado a causa de una pesadilla. Se levantó de la cama para ir a la cocina a por un vaso de agua, con las piernas entumecidas. Al sonar el teléfono corrió a levantarlo para evitar que su hija se espantara. Entonces, una voz fría y entrecortada, aunque conocida para ella, le habló. Eran las dos de la madrugada y pensó lo peor.

—Soy Yohanny —dijo—, disculpa que te llame a esta hora, pero mis compañeros y yo, estamos afligidos por un trágico accidente ocurrido en las inmediaciones del teatro Fausto, antes de comenzar la función.

Aquellas palabras cayeron como piedras en su estómago, y un nudo punzante hacía que se retorciera de dolor a la vez que un pedazo de su alma se desprendía de su cuerpo, al imaginar que algo terrible le había sucedido a su marido.

— Aunque su amigo conocía desde hacía meses sus problemas maritales estaba convencido de estar haciendo lo correcto —se justificaba Yohanny con sus compañeros—. Tienen una familia en común, y él, si es que aún permanece con vida, la necesita en estos momentos… — Este vivo o muerto, es la única familia con la que él contaba —les dijo.

En *shock* con la noticia, Lola buscaba una explicación a lo efímeras que podrían ser las cosas, dejándole claro a sus amigos que ella no iba a abandonar al padre de su hija en tan difíciles momentos, e iría en su búsqueda para ofrecerle su ayuda incondicional.

—Después de tanto tiempo sin tener noticias suyas… La desgracia tocaba su puerta con la incertidumbre de no saber si aún estaba con vida. Entonces, escuchó a su hija llorar, se había despertado con el ruido al hablar.

Con sus piernas entumecidas llegó lo más pronto que pudo a la habitación en busca de su hija, la estrechó fuerte como si la estuviera librando de alguna caída; mientras, Lola lloraba de desconsuelo por la triste noticia. Su hija, cuando la madre la estrechó sobre su pecho, de inmediato se calmó. Y con la mirada de la inocencia pasó sus manitas por la cara de su madre para limpiar sus lágrimas. Pero Lola continuaba afligida y no dejaba de pensar en cómo la vida nos despoja de todo en segundos, sin ni siquiera darnos la oportunidad de despedirnos de los seres queridos.

***

Sus amigos continuaban en el hospital en espera de información, cuando se acercó a ellos una persona que les preguntó si alguno era familia de los fallecidos. Entonces, se miraron intrigados y dijeron a la vez…

—Es que aún no sabemos los nombres de los fallecidos.

Al constatar su preocupación, autorizaron a dos de ellos a entrar en la morgue para identificar los cuerpos.

Caminaron deprisa hasta allí y al llegar entraron asustados en busca de los cuerpos, con la esperanza que uno de los dos no fuera difunto.

Entre los cuerpos que yacían en la morgue no encontraron a sus amigos y una explosión de alegría se apoderó de ellos. Y como si hubieran visto al mismo demonio en los pasillos, corrieron al punto de información. Exhaustos, le explicaron a la señorita que no habían visto los cuerpos de sus amigos. Ella, les indicó que había otro cuarto donde solían llevar a las mujeres, les recomendó que también buscasen ahí, pero antes debían pasar a otra sala a identificar al único superviviente del accidente; la mujer se ofreció a acompañarlos al ver la angustia que denotaban sus rostros de llevar toda la noche en vilo en espera de noticias de sus amigos. Pero insistieron en saber primero quién había fallecido.

Llegaron al siguiente salón y de inmediato se encontraron con cinco cuerpos tapados, tres de ellos estaban identificados con las siglas NN y los otros dos tenían nombres, pero ninguno coincidía con el de Anastasia. Así que con valentía y esperanzados destaparon los cuerpos de las siglas NN. El primero que destaparon no era a quien buscaban y aliviados continuaron con avidez mirando los otros, mientras sentían el frío de aquellas paredes húmedas y olor nauseabundo a carne en descomposición. En la tercera nevera encontraron a la bella Anastasia. La Venus del equipo que a todos traía locos por sus curvas, aunque ella solo tenía ojos para Néstor, a pesar de saber que era casado y tenía una niña. —Decía, Yojanny—.

El olor nauseabundo y a formol persistía. Tuvieron que taparse la nariz con su propia ropa para menguar el olor insalubre de la habitación. Se miraron y abrazaron desconsolados conteniendo sus lágrimas. La besaron en la mejilla para despedirse y después volvieron a taparla hasta que llegaran sus familiares, extrañados de que aún no estuvieran por ahí, a pesar de que ya habían sido informados del accidente. Dejaron atrás el cuarto de los horrores, aunque el intenso olor a muerte se impregnó en sus cuerpos durante un tiempo. De inmediato, continuaron en busca de su amigo Néstor y se dirigieron a identificar al único superviviente; al entrar a la habitación, detrás de un cristal gigante pudieron ver a su amigo, debatiéndose entre la vida y la muerte. Lo reconocieron de inmediato a pesar de que estaba entubado.

La llegada de Lola al hospital

Salió en la madrugada dirección a La Habana. Llegó al hospital un día después de recibir la triste llamada y dejar a la niña al cuidado de su padre. Desde que llegó, buscó a los bailarines de Néstor, que esperaban ansiosos su llegada. Al verla, corrieron a saludarle y dieron un abrazo emotivo. De inmediato, le comunicaron la feliz noticia… Néstor seguía con vida y solo el conductor del camión y Anastasia habían fallecido.

En medio de todo aquel dolor, un rayito de luz iluminaba su rostro…, su marido seguía con vida. Con entusiasmo y agradecimiento abrazó a Yohanny y a Cristian, dándoles las gracias por todo lo que habían hecho por su marido.

Los tres caminaron hasta la habitación de cuidados intensivos donde habían llevado a Néstor, después de una difícil operación y donde solo permitían el paso a su esposa, por su delicado estado de salud. Sus amigos esperaban noticias de su estado en los pasillos del hospital.

Lola, al verlo con el rostro irreconocible no se sintió capaz de tocarlo; su cuerpo estaba repleto de tubos conectados a una máquina que la impresionaba. En esos difíciles momentos hubiera dado su vida a cambio de la de él, por no soportar el verlo postrado en una cama como un vegetal. Y comenzaron a pasar por su cabeza un sinfín de inexplicables sentimientos. No quería más odio, ni resentimiento con él, ni con su amante, a pesar de que la acusaba de haberle robado a su familia y destrozado su vida.

Salió al pasillo para tomar aire porque sentía que se ahogaba, y su respiración era agitada, intentando liberar la tensión. Mientras reflexionaba en el pasillo vio como transportaban el cuerpo de Anastasia, acompañada de su familia.

Entonces, al verla dijo:

—Yo te perdono por el mal que me causaste y te libero de mi odio para que encuentres tu camino en el reino de los cielos. Que sea Dios quien te Juzgue, yo no soy nadie para hacerlo.

Después, volvió a entrar en la habitación para contemplar el sueño de su marido y, al verlo indefenso, la misericordia se apiadó de ella para dar resignación a su corazón.

***

A la mañana siguiente, el doctor llegó para examinarlo de nuevo y le recomendó que acercara su cuerpo junto a él, aunque con precaución, pues era conveniente que sintiera sus energías y el palpitar de su corazón. El que, con tantas emociones juntas se aceleraba por momentos; pero ahí continuaba ella junto a él acariciándolo y transmitiéndole las pocas fuerzas que en ella quedaban.

El doctor venía todas las mañanas a examinarlo, pero seguía todo igual, sin novedad. Y cada quince días le hacían una revisión exhaustiva para comprobar con exactitud la evolución de sus daños. Cada vez que el doctor entraba a la habitación ella estaba a su lado cuidando de su sueño. Al verlo llegar se desperezaba y daba los buenos días. Después, salía al pasillo a fumar para que el doctor

y su equipo pudieran hacer su trabajo. Ella esperaba impacientemente, mordiéndose las uñas hasta desgarrar sus dedos y fumando cigarrillos unos tras otros. Los segundos se convertían en horas por la desesperación de conocer el último reporte sobre las secuelas del accidente. Cuando terminaban la revisión, la hacían pasar de nuevo y detallaban paso a paso su pronóstico médico.
Su marido seguía bastante grave y un trauma craneoencefálico lo empeoraba todo y lo apartaba durante un largo tiempo de la realidad.
Pasaban los días y Néstor continuaba como un vegetal; ella estrechaba sus manos para calentarlas, mientras le hablaba de su hija y de lo que habían compartido juntos.
 Se entristecía al verlo sin mejoría cada mañana, como muerto en vida postrado en una cama, y, entonces pensaba: «La muerte te ha dado una oportunidad para vivir, pero no logro entender si como premio o castigo. Sin embargo, a su amante la liberó de sus pecados concediéndole el descanso eterno al morir en el acto».

***

Dos meses más tarde de tan difícil situación para Lola, por lo lejos que estaba su pueblo, recibió una buena noticia del médico, que había visto pequeñas mejoras en su esposo y esperaba que despertara en cualquier momento. Le sugirió que siguiera hablándole, porque era posible que él la escuchara y sintiera sus manos cuando lo acariciaba. Había llegado el momento de trasladarlo a planta después de tanto tiempo en cuidados intensivos. Y quince días más tarde de su traslado, sucedió el milagro. Néstor despertaba de su largo viaje, mientras Lola le cantaba entrañables boleros que ha-

bían sido testigos de su amor, al compás de su guitarra…
Desorientado y con la mirada perdida, Néstor emitía sonidos con palabras incoherentes; de inmediato, Lola, dejó la guitarra y tocó la campana de emergencia para que vinieran a verlo.
Cuando llegaron, él intentaba abrir los ojos y lloraba de emoción. Ella besaba sus manos celebrando que, al fin, volvía a la vida tras creer que nunca más lo recuperaría. Un rayito de luz se había instalado en sus pensamientos.

La preocupaba que no la reconociese al abrir sus ojos, pero cuando él la miró fijamente; dijo su nombre con dificultad, e intentando agarrar sus manos para que ella no se alejara de su lado. Cuando llegaron los médicos, avisados por las enfermeras, ella tuvo que salir de la habitación. De inmediato le quitaron los tubos que tenía en su cuerpo y de forma lenta y progresiva comenzaron a estimularlo hasta lograr reanimar sus habilidades motoras. Días de intensos trabajos para lograr su pronta recuperación.

Después de la feliz noticia, Lola debía marcharse para cumplir con sus obligaciones como madre; tenía que ver a su hija, a la que había dejado en manos de su padre. Ya hacía más de doce días que no la veía, pero al menos, regresaba a su pueblo con buenas noticias. Explicó al doctor las razones por las que debía ausentarse y se marchó con la esperanza de que cuando volviera, él estuviera en mejores condiciones. Pero antes de irse a su pueblo, le hizo saber a Néstor las razones de su marcha y que esta duraría solo unos días. Y mientras ella le hablaba, él la miraba y las lágrimas corrían por sus mejillas.

***

Después de pasar semana y media junto a su padre y su hija en su pueblo, Lola decidió regresar para conocer la evolución de su marido. Llegó a La Habana con la esperanza de acabar con tanta pesadilla; era agotador para todos y demasiado tiempo para ella viendo a su marido consumirse en la cama de un hospital.

Se dirigió hablar con el doctor, ni siquiera esperó que él viniera a ver a su marido. Impaciente, llegó a la consulta en busca de su consejo, al no saber qué más hacer. Y fue entonces cuando el médico le hizo una gran propuesta, al prometerle una pronta salida del hospital si ella se comprometía a mantener una atención vigilada, tanto física como psicológica. Le advirtió, de que aun siguiendo al pie de la letra los pasos recomendados, no le garantizaba grandes avances a corto plazo por la gravedad de su cuadro médico. Y hacía hincapié en lo importante de ser pacientes, porque la recuperación sería lenta y a muy largo plazo.

LILIAN NUÑEZ

La vuelta a la casa después de meses postrado en un hospital

La llegada a la casa no fue fácil para ninguno de los dos y mucho menos para Néstor, que no deseaba vivir con sus funciones perceptivas menguadas. Su desánimo se incrementó y se irritaba por cualquier comentario sin importancia o por una simple rabieta que tuviera su hija.

Se sentía un extraño en su propia casa. Tan amargado con su vida que ni siquiera, disfrutaba de lo que antes lo llenaba: la música.

Los últimos recuerdos del fatídico accidente donde había perdido la vida su amante lo perseguían y se transformaban en continuas pesadillas que se apoderaban de él, a través de excesivas iras. En ocasiones se negaba a continuar con su tratamiento, que era de tan relevante importancia para su salud. Lola, en ocasiones se sentía superada y al límite por no saber cómo ayudarlo; entonces respiraba hondo y contaba hasta tres para no abrumarse. Solo deseaba la completa recuperación de Néstor para que su hija disfrutara de su padre. Ella le recordaba insistentemente lo mucho que su hija lo necesitaba.

Lola sentía lástima por él, porque ella conocía de primera mano lo que significaba bajar a los infiernos, donde solo había tinieblas. De alguna manera, Néstor descubrió la oscuridad y el desamparo donde tantos años había estado perdida Lola, tanto que solo el temor a encontrarse con transeúntes le provocaba taquicardias, al no aceptar a la persona que quedaba de ella..., porque se sentía nula y carente de personalidad.

***

Los meses pasaban y Néstor apenas podía moverse, su voz era gangosa y sus palabras poco entendibles, ya que debía de aprender de nuevo a hablar, como cuando era un niño. Sus días eran interminables y se encerraba a oscuras en la habitación sin ganas de ver o hablar con nadie, pero sobre todo siempre de mal humor.

***

Ella velaba sus sueños e intentaba crear situaciones emotivas que mejoraran su estado de ánimo, para despertar en él el amor a la vida. Colocaba a su hija a su lado mientras ella tomaba el biberón, para que ambos sintieran esa conexión entre padre e hija, y que a través de sus aromas, fueran capaces de reconocerse en la oscuridad y hasta en la adversidad. Lola los observaba a los dos detenidamente, después cogía su guitarra para inmortalizar el momento y cantaba para Néstor y su hija las mejores nanas con su guitarra; Porque la guitarra fue uno de los grandes alicientes de Lola cuando entre tinieblas se encontraba.

El mundo de Néstor se desmoronaba al verse incapacitado físicamente, aunque sus mayores lesiones las tenía en el alma. Aquel hombre fuerte y lleno de vigor, al que no le importaba herir y humillar, ahora suplicaba perdón y demandaba compañía. A lo que Lola con palabras cariñosas le respondía:

—No hay nada que perdonar y, si alguna vez me heriste fueron acciones del pasado, olvidadas para mí —y añadía—; como esposa me tendrás mientras vivas y no olvidaré el juramento que hice ante Dios cuando nos casamos: Hasta que la muerte nos separe.

***

La vida y felicidad de Néstor dependía solo de ella. Porque los hermanos de Néstor habían emigrado, pero nunca se supo su destino final; probablemente yacían en el fondo de mar como otros cientos de jóvenes en busca de libertad y progreso.

Su padecimiento la conmovía, intentando en la medida de lo posible aliviar su dolor, que penetraba tan fuerte en su alma que afectaba su cabeza.

Todos se percataron de su gravedad, porque Néstor no aceptaba a la persona que había quedado de él, y se estaba dejando ir poco a poco. Se miraba al espejo con la esperanza de encontrar al hombre fortachón y —Latinmacho— que podía con todas las hembras, el que entraba y salía con unas y con otras sin importarle las consecuencias. Pero ese hombre se había esfumado de la noche a la mañana, en un abrir y cerrar de ojos. Ahora era solo un ser inservible, dependiente hasta en sus necesidades más personales.

La realidad era cruel, pero Lola continuaba junto a él para afrontarla. Ambos estaban atrapados en personas que no deseaban ser. Él se sentía como un estorbo y ella no era capaz de mirarse al espejo sin esas gafas negras que cubrían la mitad de su cara.

Yo también merezco ser feliz

Tal como Heberto le prometió, después de aquella velada en casa de su padre estuvo puntual en la biblioteca para encontrarse con ella, y al terminar con sus clases le pidió que se marcharan a recorrer los lugares más recónditos y alejados, que los impregnase de energías. Esa tarde le prometió llevarla lejos de los parajes que habían recorrido hasta el momento y le ofreció la oportunidad de conocer un lugar maravilloso de difícil acceso, donde nadie los encontraría y tendrían la inmensidad a sus pies. El universo solo para ellos.

Después de sus galanterías para convencerla, ella aceptó descubrir junto a él el lugar maravilloso del que hablaba.

Él estaba convencido que debajo de aquellas oscuras gafas había una mirada llena de pasión; la pasión que ambos comenzaban a sentir. Y, en un acto de valentía, él se lanzó sobre su boca y le robó un beso paralizándole su respiración. Había tanta pasión en él, que ella no pudo resistir su ataque y le respondió con la misma intensidad.

***

Subió en su moto como una adolescente y cerró sus ojos

imaginando cosas hermosas, mientras su pelo volaba a la velocidad del viento. Imaginó momentos de gloria que volvían a dar sentido a su vida.

Al llegar al lugar elegido por Heberto, se cobijaron debajo de un frondoso árbol, construyeron almohadas de hojas secas y allí permanecieron durante mucho tiempo tumbados, cubriéndose del sol radiante o de los tórridos aguaceros bajo las anchas hojas que hacían de paraguas.

Heberto sacó de su mochila frutas y limonada hecha por su madre para sofocar el calor. Atardecía, mientras el romanticismo se apoderaba de ellos. Las ansias de entrega y de sentirse multiplicaban sus deseos pasionales…, piel contra piel, mientras despedían al astro sol que horas antes brillaba con intensidad.

Lola se colocó encima de él y desabrochó su camisa poco a poco, para observar lentamente su pecho. Heberto la acariciaba y ella le indicaba paso a paso los caminos que juntos debían recorrer hasta llegar al clímax.

***

Él, sonrojado se dejaba querer, aunque con miedo a que ella juzgara su inexperiencia. Pero burbujas envueltas en nubes de deseos comenzaron a marcarle el ritmo y lo guiaban al compás de una danza de pasión desenfrenada, que desató la locura más abrupta y devoradora de un adolescente de diecisiete años, repleto de incansables energías y capaz de elevarla hasta el infinito una y otra vez hasta tocar el cielo. Sus cuerpos desnudos y sudorosos derramaban gota a gota el elixir del deseo y terminaron extasiados contemplando el atardecer, como si de un brindis al sol se tratase.

LUCIÉRNAGAS EN EL MAR CARIBE

***

Heberto estaba pletórico con la relación y no le importaba en absoluto la diferencia de edad entre ellos. Tenía un interés imperioso por investigar y explorar su cuerpo, hasta conocer el elixir que experimentaba con solo rozarla o percibir su aroma.

Pero aquel adolescente le estaba robando a Lola su tranquilidad, la que había logrado después de tantos años de sufrimientos y agonía. Temía vivir otra vida equivocada. Tenía un marido al que no podía abandonar, que no se valía por sí mismo y una hija fruto del amor que había sentido por él. Creía ser una egoísta si descuidaba su responsabilidad y obligaciones como madre y esposa por perseguir su felicidad.

En su fuero interno una rabia feroz maldecía su destino por jugarle de nuevo una mala pasada, al poner en su camino a la persona equivocada: A un adolescente con ganas de descubrir mundos, que aún dormía en el refajo de su madre. Acalorada, estampaba los platos de la cocina sobre la pared.

No podía negar que ese jovencito le había ayudado a recuperar su autoestima y a liberar los demonios que no la dejaban confiar en sí misma, al imaginar que no era atractiva para ningún hombre... que su cuerpo no despertaba deseos de lujurias; hasta que se dio cuenta de que la pasión que una vez sintió vibrar en su cuerpo volvía con más fuerzas, convertida en candentes deseos para hacerla sentir joven y viva otra vez.

***

Heberto había idealizado aquella mujer y día tras día la

esperaba al salir del trabajo o le enviaba poesías con sus alumnos, animándola a escabullirse de su infierno y descubrir la gloria junto a él. Ella leía sus notas y en ellas encontraba un entusiasmo juvenil y una frescura que la hacían sentir como a una quinceañera: libre, hermosa y con ganas de amar.

Continuó con su locura sin importarle el qué dirán, porque amaba a ese hombre. Al adolescente que la animaba a dejar atrás a la mujer amargada en la que se había convertido. Anhelando, la otra vida llena de ilusiones que él le ofrecía, a amar de nuevo y a sentir mariposas en el estómago. Agradeciéndole cada aliento de paz que la regalaba.

Jamás pensó volver a amar con tanta intensidad como había amado a Néstor, de quien creyó que nunca se desenamoraría; pero el tiempo le demostró que se ama tanto como se olvida… y poco a poco la luz que encendía su corazón se extinguía, hasta que un día se apagó para siempre, dejando solo recuerdos e indiferencias.

A veces, odiaba a su marido y lo hacía responsable directo de su infelicidad, culpándolo de no haber sabido mantener la llama del hogar encendida.

Sus temores para enamorarse de nuevo de una persona que no podía tener eran palpables: Primero por su situación conyugal y segundo por la diferencia de edad entre ellos. Aun a sabiendas de todo lo que los separaba, ella le abrió la puerta de su vida y le permitió atravesar su coraza y quererla.

—Las consecuencias de mis actos me abofetearán cuando menos lo espere —se decía—. Lo sé. Es una decisión atrevida y alocada quizás, pero quiero vivirla intensamente. —Sonreía de felicidad.

» Culpable o inocente, todos me juzgarán. Pero seré la dueña y señora de mi vida y de todos mis actos —gritaba al mundo, sin importarle quién la escuchara, aceptando sus sentimientos y su relación y confiando en dominar la situación para no irse a la deriva.

***

Para Heberto, ella era la profesora perfecta a la que poco a poco había convencido para que dejara volar su imaginación y disfrutara el momento. La mujer que aparte de enseñarle a amar la música, le había enseñado a disfrutar del placer.

Dieron rienda suelta a la relación que Lola tanto se negó a admitir, por temor a equivocarse de nuevo. Y lo que comenzó para ella como una diversión con un joven inexperto que aprendía a su lado las artes de amar, saciando sus fantasías y deseos, se convirtió en una trampa agridulce.

Era inevitable esconder lo que era obvio, pero no todo era gloria; los remordimientos de culpabilidad por darse la oportunidad de vivir su romance sin medir consecuencias la torturaban continuamente y no la dejaba disfrutar al máximo su bendita locura. Eran muchos los comentarios de quienes los juzgaban sin conocerlos.

Creían que él era solo un adolescente enamoradizo y ella una mujer experimentada con ganas de conquistar y de encontrar en la calle lo que no tenía en su casa.

Fueron muchos los días que se sintió presa, nadando contra corriente en medio del mar, por no ser capaz de abandonar sus responsabilidades como esposa y continuar cuidando de un marido, que no había sentido piedad por ella cuando se revolcaba con fulanas que después restregaba en su cara al decirle que eran más jóvenes y bellas. Entonces se cuestionaba: «¡Si estuviera en su situación, habría hecho él lo mismo por mí! ¡Me hubiera cuidado!».

La percepción que ella tenía era que en el pueblo la sentenciaban sin importarles su alegato o defensa. Porque ella era la infiel, la mala, la que cometía actos deleznables e inadmisibles. A nadie le importaban sus sufrimientos ni las circunstancias que la habían llevado a buscar la compañía de otro hombre. Sin embargo, esa sociedad aplaudía lo vigoroso y conquistador que era su marido, además, de ponerle medallas a cada una de sus amantes; era la misma que la dilapidaba como si fuera ella el demonio hecho persona. Se lamentaba de tanta hipocresía y machismo…

Lo que estaba sintiendo por aquel adolescente que la protegía y resarcía, no solo era sexo, sino también amor. Él había llegado a su vida para salvar su espíritu, haciéndole sentir de nuevo bella y especial. Él era la medicina que necesitaba su cuerpo para recuperar su autoestima y encontrarse de nuevo consigo misma.

***

Lola se había convertido en un bastón para Néstor: lo cuidaba y animaba a recuperarse, jurándole que nunca lo abandonaría en esas circunstancias. Aunque, en ocasiones, la cabeza le jugaba mala pasada y la venganza se apoderaba de sus pensamientos, al ver su fragilidad. Lo sentenciaba con los ojos de la venganza haciéndole responsable de todas sus desgracias y de no poder dar rienda suelta a sus emociones y vivir su amor libremente. Entonces le hacía probar el sabor amargo de su propia medicina, por haber sido el monstruo de todas sus pesadillas.

Lola conocía muy bien sus gustos y manías; buscaba la manera más sigilosa de vengarse con acciones tan simples y rutinarias como la de no ofrecerle café recién colado por las mañanas, peinar su cabellera o ducharle, para que el olor nauseabundo que desprendía su cuerpo embarrado de su propia hez lo hiciera sentir culpable de todas sus noches en vela y por todo el tiempo que ella había estado arrojada en un túnel oscuro, donde la única salida posible era la muerte.

Odiaba su rostro marcado con una serpiente, porque la hacía sentir hedionda y fucsia. Por eso disfrutaba al golpear su ego con lo que más le dolía. Lo castigaba con rudeza para que padeciera en su piel el mismo sufrimiento que ella había experimentado, cuando la había desechado como a una basura inservible.

***

Heberto le recordaba a Lola a cada instante que su mayor deseo era construir una vida junto a ella y que estaba dispuesto a todo, aunque muchas veces se le hiciera complicado entender sus estados de ánimo, tan cambiantes y contradictorios, cuando se trataba de definir y liberar sus miedos ante la sociedad y el mundo… La animó a que se diera una oportunidad de vivir su amor junto a él libremente. Sus inseguridades eran notorias en sus cambiantes decisiones: De repente estaba dispuesta a vivir su aventura, llegando a considerar que la vida le debía algo y la estaba resarciendo y otras veces rehusaba a aceptar la relación y lo que sentía. Él siempre se mostró predispuesto a ayudarla a resolver su situación personal, al considerar que no se merecía vivir amargada el resto de sus días. Estaba dispuesto a trabajar y estudiar a la vez, si ella decidía acompañarlo a La Habana y construir una familia junto él. Pero esa tranquilidad y juventud que por un lado él le transmitía, por la otra la abrumaba con sus insistencias para que abandonara a Néstor, su marido.

Heberto cumplía la mayoría de edad en pocos meses y le juró que nada ni nadie le impedirían que gritara al mundo su amor. Porque la edad entre ellos no era un impedimento en su relación. Solo un número.

LUCIÉRNAGAS EN EL MAR CARIBE

La vida y emociones de Heberto

La vida de Heberto en Valle de Viñales transcurría entre naturaleza y plenitud, arropado por su gente a la que tantas veces había ayudado a sobrellevar sus días con optimismo, motivándolos a participar en reuniones sociales para que se olvidaran de su soledad y se animaran a seguir viviendo, aunque fuera cargando una pesada cruz a su espalda después de haber luchado por un país, que, sin embargo, los castigaba sumergiéndolos en la más absoluta soledad y el mayor de los desamparos. Sus vecinos eran hombres y mujeres olvidados por un régimen político en el que habían creído y que hoy maltrataba a jóvenes y ancianos, obligándolos a emigrar como ratas huidizas a países desconocidos, lejos de sus raíces.

Heberto se entristecía al corroborar que la emigración se había convertido en la única oportunidad de progreso para los jóvenes. Suponía una catástrofe para cualquier país, porque su único propósito era emigrar sin medir las consecuencias, en vez de luchar en su tierra por sus derechos y por un cambio de rumbo.

Heberto se había convertido en todo un hombre sin apenas su madre darse cuenta de lo rápido que pasaba el tiempo. Y, antes que él se sincerara con ella con respecto a sus sentimientos hacia la profesora de música, ella ya se había percatado de sus emociones. Su niño, como lo llamaba, ya era un hombre enamorado.

En su afán para protegerlo intentó convencerlo de que no era la mujer adecuada para él, por su edad y experiencia, aparte de ser casada y con una hija. Entonces, se enzarzaron en una absurda discusión que terminó cuando él se marchó al patio para no escuchar sus argumentos fuera de lugar y sin sentido…, según su criterio.

La absurda relación —como decía su madre— la tenía desesperada e intranquila y esperaba que su hijo se marchara lo antes posible a La Habana y conociera a otras féminas de su edad, para que olvidara a la profesora. Estaba convencida de que por allá olvidaría por completo la relación y se centraría en sus estudios que tan feliz lo hacían. Pero sobre todo para que cumpliera el sueño de su vida por lo que tanto habían luchado sus padres.

Dos semanas antes de su marcha a La Habana, Heberto se comportaba de manera extraña, su mirada era confusa y distraída y apenas le veía sonreír. Hacía más de un mes que el muchacho le había propuesto a Lola que se marcharan juntos y aún no había recibido una respuesta. Cada vez que tocaba el tema e insistiéndole, ella lo disuadía con evasivas. Heberto se desesperaba al ver su actitud, pensando en todos los motivos que podrían llevarla a desestimar su propuesta, y se adelantaba con argumentos positivos en busca de un sí. Solo pensaba en el poco tiempo que le quedaba para convencerla y ya no sabía cómo actuar o qué decirle.

Esa noche después de cenar no se encontraba cómodo en ningún lugar de la casa, sin rumbo y perturbado al no soportar más aquella incertidumbre. Abrió la puerta trasera y salió a escondidas al patio de la casa. Cogió la moto y fue en busca de Lola. Su madre, al verlo salir, imaginó a dónde se dirigía su hijo, pero ¿qué podía hacer?, se preguntaba.

LUCIÉRNAGAS EN EL MAR CARIBE

***

El cielo estaba estrellado e iluminaba sus calles, sin embargo, no se escuchaban ruidos porque había pocas personas transitando a esa hora. Una cuadra antes de llegar a la casa de Lola, Heberto dejó la moto estacionada para que los vecinos no se alterasen con el ruido del mofle.

Eran sobre las diez de la noche y entró por la puerta de atrás, que daba a la terraza; ahí la encontró fumando, acompañada de una copa de ron como todas las noches hacía. Él conocía sus movimientos y sabía que ahí la encontraría bajo la luz de la luna, donde muchas noches habían dado rienda suelta a su desenfrenada pasión, cuando su hija y su marido dormían. Cuando él se aseguró de que nadie la acompañaba, la sorprendió.

Ella al verlo llegar se espantó, no lo esperaba. Dejó la copa en la mesa y se levantó de la silla asustada. Caminaba de un lado a otro con el cigarrillo en las manos por si algún vecino entrometido merodeaba los lindes husmeando.

Entonces Heberto dijo:

—Necesito hablar contigo, Lola.

—¡Estás loco! —con voz entrecortada contestó.

—¡Loco no! —dijo él—. Estoy desesperado y no puedo más con tu juego, me debes una respuesta y te suplico que sea ahora mismo.

—¡Vete por favor! —suplicó ella—, ahora no podemos hablar. No me comprometas más. —Y dio varias caladas al cigarrillo expulsando el humo en forma de pompas.

Él tomó sus manos para suplicarle:

—Por favor, Lola, apiádate de mí, me desconcierta no saber lo que piensas.

»¿Qué pasará con nosotros? —preguntó—. No me iré hasta saberlo —dijo Heberto—. Te lo advierto. No me importa si tu marido se despierta y nos escucha. ¡Que se entere de una vez! —en voz alta dijo—. Después de todo lo que te ha hecho sufrir, no puede tener derechos sobre ti.

»¡Mira cómo te ahogas en el alcohol! y no eres capaz de gestionar tus decisiones, mucho menos tus emociones. Ni siquiera, tienes valor de mirarte al espejo si no llevas puesta esas horribles gafas negras.

Las arrancó de su cara y pisoteó con rabia en el suelo.

Ella cubría su rostro con sus manos y lloraba de vergüenza; él quitó sus manos para observarla y fue cuando se dio cuenta de la horrible marca en forma de serpiente, que bajaba desde su ceja izquierda hasta su párpado.

—¡Mírate! ¿Es esto lo que escondes? A mí no me importan las marcas de tu piel, ni de tu rostro, me importa la marca que he dejado en tu corazón. ¿Cásate conmigo Lola?

Desesperado, intentaba abrazarla.

Ella se negaba a dejarse ver y continuaba cubriendo su vergüenza con sus manos, cuando él dijo:

—Lejos de aquí serás otra mujer.

— Vete de aquí por favor —dijo entre sollozos Lola.

—¡No, no me iré hasta que hablemos y me des una respuesta! —contestó.

—Entonces, prometo que nos reuniremos mañana y juro por Dios que te daré una respuesta.

Al día siguiente, Lola cumplió con lo prometido y se encontraron en el lugar acordado. Lejos de la multitud. A su llegada él la notó arisca, con miedo y reacia a acercarse. Entonces, de rodillas ante ella volvió a rogarle que escaparan juntos, que se casara con él, prometiéndole velar por ella y por su hija.

Lola respiró hondo al escucharlo y con el rostro al descubierto por primera vez ante él por decisión propia, le mostró sus ojos hinchados y enrojecidos de llorar. Y le dijo:

—No tengo fuerza moral para hacerle esto a mi hija. Ella siente adoración por su padre y tiene todo el derecho a crecer junto a él; Néstor, a pesar de todo, la ama y necesita, porque es lo único que le queda en la vida.

No quedaron ruegos y súplicas que Heberto no utilizara intentando convencerla. No se daba por derrotado e intentaba atravesar la coraza que Lola había construido para protegerse. Ella había dado un gran paso al permitir que él la viera a cara descubierta y observara en su rostro la marca de la humillación y el recuerdo de su tormentosa vida.

Lola ya no aguantaba más la presión y se derrumbó entre sus brazos. No eran necesarias palabras para expresar lo que estaban sintiendo en ese momento. Pero, a los pocos segundos, Lola apartó sus brazos de su cuello, rehusando de su abrazo y alejándose con brusquedad.

Él dejó caer su cuerpo sobre sus piernas para ponerse de rodillas ante ella y ató sus manos a su cintura obligándola de una vez por todas a definir la relación. Entonces, ella lo empujó bruscamente con resentimiento y agresividad y quitó sus manos de su cintura. Con cara de asco y rabia lo golpeó en el pecho, ofuscada con la vida y con los hombres, por culparlos de sus desdichas. Execraba el amor que por él sentía y reiteraba a gritos:

—¡Vete, vete y déjame en paz! Esa es mi decisión.

Después hubo un largo silencio. Ella limpió con un pañuelo sus lágrimas y volvió a ponerse sus gafas y con voz entrecortada le dijo:

—En este momento te sientes destrozado, pero adonde vayas conocerás a otras mujeres y compartirás tu vida. Estoy condenada a vivir al lado de mi marido y no soy capaz de liberarme. Sería infeliz si cuando mi hija sea una adolescente y preguntara por su padre, yo tuviera que explicarle que la separé de él por seguir a mi amante. A un adolescente que casi podría ser mi hijo.

»Un adolescente que en unos años, cuando le pase la furia pasional tendrá ganas de conocer otros nidos de bellas jovencitas; sin pasado ni responsabilidades.

»Néstor ya padece su castigo por haber sido cruel y explotar a tantas mujeres. Vete y no vuelvas a insistir nunca más. No te amo, mi único y gran amor ha sido siempre la bestia que tengo como marido… —le dijo de manera fría y cruel.

Heberto se negaba a creerla y movía la cabeza de un lado a otro, como si estuviera fuera de sí.

— ¡No te creo, Lola!; todo es un teatro para que desista y me aleje. Yo te amo, más que él; también te necesito. Sin embargo, me estas castigando de cruel manera, haciéndome pagar por lo que él te hizo. No soy yo el culpable.

»¡No sigas con este juego! y reconoce de una vez lo que sientes por mí.

Ella lo dejó tirado en el suelo llorando desconsolado y antes de salir se detuvo un momento para decirle lo siguiente:

—!¡Levántate! Que de todo se aprende en la vida y toda esta leña que hoy arde, mañana será solo cenizas. Aprendí que la tristeza y el sufrimiento no son eternos, tienen fecha de caducidad y depende de uno mismo ser feliz o dejarse morir. Te lo dice la voz de la experiencia, la que tocó los infiernos del abismo durante años. ¡Y mírame, sigo aquí!

»Vivimos una experiencia ¡pero ya se acabó! sería injusta si te condeno a mi vida y corto tus alas. Yo debo continuar el camino que elegí y tú debes de encontrar el tuyo. El destino se encargará del resto y nos pondrá a cada uno en el lugar que corresponda.

»Ve..., corre en busca de tus sueños y de todo lo que te depare el futuro.

LILIAN NUÑEZ

En busca de un sueño

Salió de su ciudad natal con la esperanza de convertirse en periodista de la prestigiosa Universidad de la ciudad de La Habana. Llegó con la finalidad y el propósito de conocer a jóvenes de igual ideología, que lo acompañaran a llevar su protesta a la opinión internacional, y a llamar la atención de los que miraban para otro lado ante tanta injusticia.

Desde que llegó a La Habana sintió el bullicio de ritmos musicales. Una ciudad que por momentos era gloriosa y otras veces infernal, para aquellas personas que como él, habían emigrado del campo a la gran ciudad.

Nada era comparable al olor a tierra mojada y al aire puro de su pueblo, que lo hacía entrañable. Su pueblo sería un lugar que nunca olvidaría, porque en sus montañas había conocido el amor y el desamor, pero, sobre todo había forjado sus esperanzas de construir un país mejor para todos.

En su primer año de universidad, motivado por sus ideales y forma de ver la vida, destacó como uno de los mejores estudiantes de su promoción y creó la edición de un periódico de tirada mensual, que distribuía junto a un grupo de estudiantes en todo el recinto universitario, con el propósito de llegar a muchos más jóvenes de similar ideología.

LUCIÉRNAGAS EN EL MAR CARIBE

En sus artículos emitía opiniones sobre el régimen político que los había despojado de lo poco que tenían. Al poco tiempo de comenzar la difusión del periódico se armó un gran revuelo por lo controversial y atrevido de sus opiniones. Todos eran conscientes del impacto que tendría tratar aquellos temas tabúes en la isla.

Muchos de los estudiantes se mostraron partícipes y colaboradores con la idea del proyecto editorial, sin embargo, con el paso del tiempo algunos fueron alejándose del grupo por temor a verse involucrados en represalias políticas. Los compañeros advirtieron a Heberto de las consecuencias que acarrearían sus opiniones, pues estaba prohibido criticar al régimen político que los gobernaba. Podían llegar a declararle culpable de difamación o blasfemias, amparados bajo la ley mordaza. Aparte de ser expulsado de la universidad por ideología terroristas.

Unos meses más tarde y en contra de su voluntad tuvo que posponer la edición y difusión del periódico, por la cantidad de opiniones en contra generadas y las amenazas recibidas. Su intención no era parar, sino camuflar las opiniones políticas con entrevistas de carácter cultural. Las pocas ayudas que recibía de la Universidad para la impresión y difusión del periódico fueron retiradas y apenas le quedaban recursos para continuar luchando por un país libre y soberano.

Entre vaivenes, pasaron dos largos años hasta que un reducido grupo de jóvenes liderado por Heberto decidió volver a arriesgarse y comenzar de nuevo, con las ideas claras sobre los objetivos que perseguían. Conocían en profundidad sus leyes y sus derechos, aunque sirvieran de poco. Desgraciadamente sus leyes eran interpretadas por jueces afines al régimen. Estas leyes solo servían para aplacar un translúcido manto de críticas internacionales, mientras se continuaban cometiendo atrocidades contra un pueblo indefenso, que no sabía o no quería defenderse de sus verdugos. Pero ellos, con valentía y decisión, mostraron abiertamente sus opiniones sin importarles cuándo o dónde serían apresados y llevados ante un juez, en el mejor de los casos.

Unas de las hazañas más trascendentes y a la vez peligrosa conseguida por Heberto, fue localizar empresas de capital extranjero no afines al régimen, que estuvieran decididas a financiar su proyecto de rebelión.

En el país existían bastantes empresas tapaderas y su principal objetivo era financiar la lucha de los disidentes y reclutar a jóvenes opositores como Heberto, que estuvieran dispuestos a dar su vida para defender su país. Los dotaban de grandes cantidades de dinero para difundir sus opiniones y pensamientos a través de prensa escrita en todo el país, para que los jóvenes tuvieran la oportunidad de tener una versión distinta a la que día tras día difundía el Gobierno en los medios de comunicación, controlados en su totalidad por ellos. Todo lo que consiguió Heberto en tan poco tiempo, motivó a cientos de estudiantes de todas las provincias que llegaron esperanzados con el proyecto de un joven de solo veinte años, que los encandiló con sus verdades sobre la realidad del país donde vivían.

Llegaron dispuestos a copiar su hazaña y a enfrentar al mismo demonio si en su camino se cruzaba. A luchar en contra de la desidia de un régimen que los utilizaba como mano de obra barata para enriquecimiento de otros. Estaban convencidos de unirse a su llamado; salieron a la calle decididos a luchar por el derecho a vivir y trabajar los recursos naturales de su tierra.

La vida nocturna y las mujeres no le interesaban a Heberto; sus compañeros de clases llegaron a dudar de su tendencia sexual, pues les extrañaba la actitud ante la vida que adoptaba siendo solo un joven de veinte años, que además de ser apuesto y educado, era inteligente. A las preguntas insistentes de sus amigos, siempre alegó que un gran amor le había robado la tranquilidad de sus sueños.

Los exámenes estaban a la vuelta de la esquina y muchos aprovechaban cualquier momento para ir a repasar antes de entrar a las aulas, pero los más confiados y despreocupados se iban al césped a charlar y escuchar música con amigos.

Heberto caminaba junto a su amigo Joshua, cuando este se encontró con un grupo de compañeros que escuchaban música despreocupados en el césped, entre ellos Dulce María y su novio Fernando. Eran estudiantes de Derecho en el campus privado de la universidad, donde estudiaban los hijos de conocidos militares y personalidades del Gobierno.

Joshua, al encontrarse con ellos, se alegró al verlos y tiró su mochila al suelo para acoplarse junto al grupo. Dulce María escuchaba música con la cabeza apoyada en la espalda de su novio con gigantes auriculares y se sorprendió al ver a Joshua. De inmediato se incorporó para saludarlo efusivamente.

Heberto se quedó de pie mirando cómo se abrazaban, pero cuando Joshua se percató de que no había presentado a su amigo al llegar…, se disculpó.

—Lo siento hermano —dijo a Heberto. Después intentó llamar la atención de sus amigos y dijo—: Socios, este es mi amigo Heberto.

Todos continuaron con su música y le ofrecieron un *hola* desabrido, excepto Dulce María, que intentó incorporarse del suelo y él, amablemente le cedió sus manos para ayudarla.

Ella le dio un beso y después dijo su nombre, mientras él apretaba ligeramente sus manos. Fernando se quedó tal cual estaba en el suelo; ni se inmutó.

A Dulce María su nombre y su cara le parecían familiares y, mientras todos hablaban, ella le echaba una mirada intentando recordar de dónde lo conocía. Cuando al fin aclaró sus dudas, lo hostigó con preguntas inapropiadas e incómodas para alguien que acabas de conocer.

—Ahhh. ¿Eres el famoso Heberto? El libertador que puso a temblar el Rectorado de la Universidad con comentarios despectivos sobre el régimen.

Heberto, asombrado contestó:

—No, señorita. No soy ningún libertador, soy solo Heberto. Es un placer conocerla —añadió de forma galante.

Pero ella continuó insistiendo hasta que él aceptó que era el editor y director del periódico que se distribuía en la universidad.

***

Dulce María era la hija de un alto cargo del régimen y defendía de manera acérrima los valores del régimen comunista. Fernando no había puesto atención a Heberto ni a la conversación que mantenía con su novia, pero le inquietó ver que le dedicara tanto tiempo y se levantó para interrumpirlos, le sugirió a su novia que se marcharan, porque solo quedaban unos minutos para que comenzaran las clases. Entonces, Dulce María le contestó:

—Ve delante, me reuniré contigo dentro de diez minutos.

Convencido se fue, al decirle su novia que debía hablar

algo con su amigo Joshua, pero la realidad es que Dulce María estaba enganchada a la conversación que mantenía con el misterioso amigo de Joshua, que había despertado en ella una cierta inquietud.

Fernando, antes de marcharse le dio un pegajoso beso para marcar su territorio. Pero Dulce María estaba encantado con el extraño joven de cuerpo musculoso y cara angelical, que tenía una elocución y educación diferente a los de su edad; su acento era romántico y muy particular.

Continuaron con su charla y ella no se percató del tiempo que había pasado, olvidando por completo que había quedado con su novio para entrar a clases en diez minutos. Entonces, Heberto miró el reloj y le dijo en forma jocosa:

—¡Señorita, va a llegar usted muy tarde! Su novio dijo en diez minutos y llevamos hablando más de cuarenta.

Ella no dio demasiada importancia al comentario de Heberto, porque le despreocupaba lo que pensara Fernando.

***

Ya no quedaba nadie a su alrededor, la mayoría se habían marchado a clases y otros a sus respectivas casas. Y sin planificarlo habían pasado toda la tarde juntos, el tiempo suficiente para que Dulce María reconociera su intención de volver a quedar con el hombre que la había cautivado, haciéndole sentir como si hubiera vivido toda una vida junto a él. Pero Heberto tenía prisa por marcharse; con astucia felina, ella lo engatusó para que se quedara un rato más junto a ella, hablándole del lugar donde había nacido.

Su acento al pronunciar las palabras era gracioso y hasta sutil, le divertía escucharlo y se burlaba de él llamándolo guajiro.

La realidad era que había conocido un hombre diferente a los demás.

Heberto al escucharla rio a carcajadas y después comenzó a hablar del hermoso lugar del que procedía. Cada vez que hablaba de Valle de Viñales se le iluminaban los ojos como a los conejos en la oscuridad y lo describió con melancolías y añoranzas. Extrañaba la naturaleza que rodeaba aquellos parajes, las tardes resplandecientes junto a los Mogotes y el olor a orquídeas que traía el aire y que eran el conductor de energías para los residentes de la zona. Con un brillo especial en sus ojos, —le dijo:

—Allí he vivido los mejores momentos de mi vida, construí montañas de recuerdos que llevaré siempre conmigo.

Dulce María interrumpió su mensaje y le dijo:

—Estoy segura de que entre tanta naturaleza habrás dejado un gran amor. Tus ojos te delatan al hablar y claramente me dicen que extrañas algo más que la naturaleza.

Heberto prefirió callar y no contestar a su pregunta.

Joshua volvía de clases y se sorprendió de encontrarlos como los había dejado; charlando distendido. Cuando se acercaba escuchó el comentario que hizo Dulce María, puso sus manos en el hombro de Heberto y sonriente contestó:

—¡Las únicas obsesiones de mi amigo son el amor a su pueblo y sus estudios! —Y añadió—: Heberto no sueña con grandes fiestas y bellas mujeres, sueña con el día que pueda liberar a su pueblo del yugo y libremente puedan expresar lo que piensan…

Y sonrió.

En ese momento, Dulce María entendió lo arriesgado que podría ser entablar una amistad con Heberto por su proactividad difamatoria al régimen. Esto provocaría comentarios incómodos por la fama de opositor que se había ganado en la Universidad, aunque no podía negar que era justo lo que le había impactado de su persona: Su coraje para desafiar lo más temido y expresar sin pudor sus opiniones al respecto, a diferencia de otros jóvenes partidarios de sus artículos, que callaban y no mostraban sus verdaderas opiniones por temor a represalias. Acataban y aceptaban las censuras como algo normal, aunque fuera en perjuicio de su libertad.

Dulce María lamentó que fuera viernes y último día de clases. Intentó concertar una cita con él para el día siguiente; sin embargo, solo recibió negativas de su parte.

Heberto, a pesar de sentirse a gusto con su presencia no contemplaba la posibilidad de seguir tratándola, veía en ella una intención que iba más allá que una simple amistad; en su mirada había morbo y mucha galantería que lo asustaba, y prefería tenerla lejos de su persona y de sus proyectos. No le interesaba tener ninguna relación por el momento.

***

Ella, al notar su poco o ningún interés en volver a verla, discretamente persuadió a Joshua para intentar convencerlo. Joshua le recomendó que lo buscara en la biblioteca de la universidad, donde pasaba su tiempo libre. Solía ir a trabajar en la edición del periódico o a adelantar proyectos solicitados por profesores.

Siguiendo el consejo de su amigo, Dulce María se presentó a primera hora del sábado en la biblioteca de la universidad. Madrugó con la esperanza de encontrarlo por allí. Cuando llegó atravesó sus largos pasillos en los que reinaba un silencio apabullante, tan distinto al bullicio que a diario los estudiantes generaban al caminar de un lado a otro. No eran muchos los estudiantes que madrugaban un sábado para ir a la biblioteca y el recinto lucía desolado, sin actividad a su alrededor. Solo había siete personas, de los cuales cuatro eran los encargados de la limpieza, que cigarro en mano echaban humo desde primera hora de la mañana, mientras limpiaban las mesas y los amplios ventanales del salón.

La puerta estaba entreabierta; Dulce María lo buscó con la mirada, se encogió de hombros al no encontrarlo. Minutos más tardes, él apareció detrás de ella, y quiso gastarle una broma tapando sus ojos con sus manos. Ella permaneció inmóvil y él dijo:

—¡Adivina quién soy!

Pero su tono de voz era inconfundible; Heberto apartó sus manos de sus ojos y se giró hacia ella con una sonrisa. Ella sorprendida, dijo:

—¡Qué sorpresa encontrarnos! Suelo venir a repasar cuando tengo exámenes, en mi casa no logro concentrarme con tantas entradas y salidas de personas, además del ruido que hace mi perro Alberto cuando ladra. No quiero perjudicarlo por mis exámenes, me gusta que corra de un lado a otro y que se exprese de la manera que desee.

Y dijo él:

—Qué extraño; nunca te he visto por aquí y suelo venir todos los sábados a trabajar en la edición del periódico.

Ella rápido contestó:

—Me suelo quedar en el otro recinto… —Y cambió de tema—: ¿Te gustan los perros?

—¡Sí, claro! Son los mejores amigos del hombre —dijo él.

—Es cierto… Alberto nunca me abandona, siempre está a mi lado —le contestó ella.

—Pasemos dentro —le dijo Heberto, y abrió la puerta para invitarla a pasar—. ¡Pongámonos a estudiar! Se nos va el tiempo sin darnos cuenta.

—Uff, he olvidado los libros — respondió ella—.

Él la miró extrañado y dijo elevando sus cejas hacia arriba.

—Entonces, ¿qué hacemos?

—Se me ocurre algo. ¡Ven conmigo! —dijo ella—.

Se dirigieron a un recinto privado de la universidad donde los alumnos autorizados tenían libros a disposición en las aulas.

Caminaron juntos hasta el recinto y en la entrada el vigilante de seguridad le solicitó su carnet de acceso a la zona. A él no le sorprendió, era una zona privada y su intención no era entrar con ella, sino quedarse en las inmediaciones en su espera. Pero ni siquiera le permitieron quedarse cerca de la puerta de acceso y debió alejarse para esperarla.

Incómodo por la actitud del vigilante de seguridad, se mordía la lengua para evitar decirle todo lo que cruzaba por su cabeza, apretaba los puños y chasqueaba sus dedos con rabia para liberar su tensión.

—¡Ve tú a por los libros! —dijo a Dulce María—, te esperaré fuera.

—Prometo no tardar —dijo ella y corrió hasta las aulas.

Y en menos de cinco minutos salió cargada con todos sus libros, que sujetaba con su barbilla para que no cayeran al suelo. Él al verla llegar corrió en su búsqueda sin importarle lo que dijera el de seguridad. Después, le preguntó intrigado:

—¿Por qué tantos libros?

—Voy con retraso y los exámenes están al llegar, espero que vuelvan a elegirme la mejor estudiante de mi curso.

Él sonrió… después hizo una pausa y preguntó:

— ¿Es importante para ti?

Asombrada con su pregunta, y al no lograr deducir su intención, lo pensó dos veces antes de contestar:

—Siempre lo ha sido, y no quiero que me destronen.

Él sonrió como si algo le hubiera hecho gracia. Y así comenzaron una bonita amistad a escondidas de los demás, repleta de anécdotas y momentos especiales.

***

La semana siguiente la asociación de estudiantes pensaba organizar una fiesta fin de carrera, como todos los años hacía, para despedir a los nuevos licenciados que se marchaban en busca de un futuro, aunque incierto para muchos por la situación que vivía el país.

La mayor aspiración de muchos de ellos era conseguir una visa a cualquier país que le sirviera de trampolín para llegar a los Estados Unidos o España, donde solicitaban asilo político, porque eran los países preferidos por las deferencias y beneficios que sus gobiernos otorgaban a los cubanos.

Los menos afortunados debían arriesgarse en balsas a desafiar al mar o conformarse con un visado de tres meses a Rusia o algún país africano. Eran de las opciones más fáciles de conseguir. Y muchos de los que llegaban ilusionados en busca de mejoras terminaban mendigando en las calles o muertos de hambre durmiendo en las escaleras de edificios abandonados.

Otros tantos licenciados tenían la oportunidad de apuntarse a realizar misiones humanitarias en países como Venezuela, con los que el Gobierno tenía buenas relaciones. Llegaban con lo mínimo imprescindible, llenos de propósitos que en la mayoría de los casos eran inalcanzables y, desilusionados debían regresar al infierno de un país que sellaba los ojos de sus ciudadanos, impulsándolo a vivir entre tinieblas y los aislaba por completo del mundo exterior.

La fiesta fin de carrera se había convertido en un acontecimiento popular entre los estudiantes del primer año, sobre todo para las mujeres que asistían con ropas provocativas con la intención de cautivar y provocar a los futuros licenciados. A Heberto su amigo Joshua lo invitaba todos los años a participar del evento, pero a él nunca le interesó asistir a esas clases de reuniones. Las fiestas no eran de su interés. Joshua insistía para que lo acompañara, pero nunca lo consiguió, estaba totalmente cerrado a participar en ese tipo de eventos o frecuentar lugares de diversión, como discotecas. La vida nocturna lo abrumaba. Y su amigo Joshua le decía burlándose que era un abuelo de corta edad.

Dulce María lo invitó personalmente a la fiesta y antes de marcharse de su lado le dijo:

—¡Espero encontrarte cuando llegue! Quiero bailar contigo toda la noche.

Le rogó que no le fallara.

—¿Es una proposición? —le preguntó él.

Ella sonrió afirmando. Entonces él con desparpajo le dijo:

—¿A dónde dejarás a Fernando?; puede que él no esté de acuerdo con lo que pretendes hacer conmigo. —Sonrió descaradamente—. Te advierto que soy mal bailador —añadió.

Hubo un momento de *flashback* en su cabeza y, aunque habían pasado más de tres años desde aquel provocativo baile con el que Lola lo había seducido. No pudo evitar acordarse del bochornoso momento.

Dulce María insistió, animándole a divertirse un poco más y a dejar de comportarse como si fuera un anciano; lo invitó a alejarse de responsabilidades sociales que no le competían.

En tono jocoso mirándolo fijamente, le dijo a Heberto:

—No soy capaz de entender por qué actúas como un amargado al que nada le satisface. Siento que solo te mueve la rabia que llevas dentro. Como si estuvieras peleando contigo mismo.

Heberto no quería escuchar la verdad y, por primera vez en mucho tiempo alguien lo había descubierto y puesto de manifiesto todo lo que él llevaba dentro. Entonces, ella tomó sus manos con vehemencia en busca de un sí.

Él se disculpó de nuevo y se reafirmó en su decisión de no asistir a dicha fiesta, alegando que había tenido días muy ajetreados por los estudios y su trabajo. Su obligación era mantener su mente y espíritu fuertes para desarrollar los artículos del periódico, pues se sentía en deuda con sus lectores.

A pesar de que la música y las fiestas eran un signo de identidad en todo el país, a él nunca le había interesado ni una cosa ni la otra. Desde muy pequeño el sonido de los tambores al anochecer lo trastornaba porque lo relacionaba con rituales de santerías y no encontraba belleza en su sonido. Sin embargo, todos cantaban y bailaban a ritmo de la música del vecino que imponía sus decibelios.

La única vez que había sentido la necesidad de tocar y acariciar un instrumento, lo había hecho porque una mujer lo había impactado con su voz y su manera de acariciar la guitarra.

Dulce María había logrado que él se sintiera cómodo con su compañía, sin olvidar que ella era la hija de un alto rango militar de La Habana. No es que lo amedrentaba saberlo, pero sí le inquietaba ilusionarse con una mujer de tan distinta ideología y gran peso familiar...

Temía que la situación pudiera complicarse, ya que cualquier hombre junto ella perdería el sentido. Y poco a poco en su soledad comenzó a extrañar su coquetería, porque ella fue capaz de sanar un corazón que llevaba herido muchos años.

***

Heberto no lograba entender el porqué de su persecución e interés en que él cayera en sus garras, como si fuera un trofeo para ella, a la que no le importaba su compromiso con otro hombre. Entre ellos no había posibilidad de una relación sentimental. Ella defendía a muerte las proezas del régimen, además de que su padre nunca lo aceptaría.

—¡Mujeres! —decía al contemplarla.

Pero Heberto era un hombre atrevido que enfrentaba los problemas cuando venían y no temía a nada ni a nadie. Aun conociendo la relación de la joven con el poder político, el que le permitía disfrutar de privilegios al que solo un grupo reducido en el país tenía acceso, decidió dejarse guiar por el corazón e intentarlo.

***

Ella solía frecuentar los restaurantes más caros de La Habana, donde el pueblo no podía acercarse ni a tres metros de distancia; estaba acostumbrada a compartir con personas relevantes, como empresarios y escritores de reconocida popularidad en el mundo, amantes del comunismo y seguidores del libertinaje, que llegaban al país en busca del paraíso que habían perdido la mayoría de los ciudadanos. Situación que en ocasiones, le había hecho cuestionarse si valía la pena continuar con esa locura, ya que no les llevaría a ninguna parte. Pero, decidió jugar dejando que las aguas que llenaban los canales fluyeran.

Ella le aportaba a Heberto la compañía que aliviaba su soledad y lo hacía creer de nuevo en el amor. En sus ratos juntos, discutían sobre temas polémicos y controversiales, él se mostraba sin miedos ante ella y defendía por encima de todo su verdad y el derecho a expresarse. Su intención era obligarla a escuchar los gritos de socorro de un país que se desmoronaba a cachos.

Cada uno en función de sus vivencias tenía su propia opinión, que acordaron respetar, pero él aprovechaba siempre la oportunidad para hacerle entender cómo vivían las personas a su alrededor, mostrándole las injusticias que se cometía con una población hambrienta, a la que le expropiaron y prohibieron comer su propia cosecha, que era llevada a lujosos restaurantes, hoteles y cientos de casas señoriales repartidas por todo el país, donde el Gobierno alojaba a relevantes personalidades como símbolo de proeza y abundancia.

Sin embargo, ella era incapaz de verlo desde el mundo de burbuja en el que vivía. A pesar de las diferencias de opiniones entre ellos, había nacido una necesidad de compartir momentos de intimidad y confesiones.

Su simbiosis provocó comentarios morbosos entre sus compañeros de clases y fue causando mella entre la relación de

Dulce María y Fernando. Él no soportaba verla junto a Heberto y sus celos lo escocían por dentro, al escucharla hablar de él y destacar su valentía como si de un héroe se tratara. Con el rostro desencajado, sentía una gran impotencia al no saber qué hacer para alejarla de sus garras.

A pesar de la química que existía entre ellos, había temas que por su delicado contenido, Heberto no se atrevía a revelarle y seguía guardándolos solo para él. Uno de sus secretos mejor guardado era el gran amor que sentía por Lola. La mujer que odiaba a ratos, por haberle apartado de manera tan cruel, sin importarle el daño que hacía a su persona, dejándole una marca imborrable, porque lo había utilizado para resarcirse del daño que le habían causado a ella...

Después de varios días sin coincidir en la universidad, Heberto y Dulce María se encontraron una mañana en el recinto, y acordaron salir después de las clases a caminar por el malecón. Era la primera vez que lo convencía para que dejara de lado sus obligaciones del periódico y se dedicara a disfrutar en su compañía. Ella le echaba en cara que a pesar de haber vivido en la ciudad más de tres años, aún no conocía la magia que la envolvía. Entonces, lo retó a descubrirlo junto a ella. Él aceptó su propuesta. Se marcharon cada uno a su campus con la intención de verse a la salida para recorrer las avenidas principales de la ciudad.

Hubo un gesto cariñoso de complicidad entre ellos antes de despedirse.

***

Dulce María había comenzado a salir con Fernando cuando tenía catorce años, se habían conocido en el colegio y él había sido su pareja de baile en la celebración de sus quince años. Con él había disfrutado de su adolescencia, pero por alguna razón, quizás la monotonía, ese amor había desaparecido y quedaba solo una hermandad.

En sus sueños, él ya no era su príncipe y su cuerpo no vibraba junto a él, solo veía al amigo incondicional que la acompañaba. Se sentía incompleta a su lado y esa realidad, le producía espantos que desencadenaron en ella una angustia profunda, por temor a afrontar su verdad frente a sus padres. Estaba convencida de que nunca aceptarían que terminase la relación con Fernando, porque lo amaban como al hijo que desearon y nunca tuvieron. Él era como un vástago amable y sumiso que acataba sus decisiones sin rechistar.

Con el paso de los años fue dándose cuenta de que a sus padres le hacía más ilusión que a ella la relación. Estaba convencida de que si continuaba con ese absurdo noviazgo y daban el paso de casarse como lo tenían enmarañado sus padres, condenaría a Fernando a vivir un futuro incierto a su lado.

Cuando conoció a Heberto, comprendió que el amor es un sentimiento inexplicable, que desata una inmensa emoción de solo mirar a la persona que amas. A parte de avivar en ella una desenfrenada demencia prematura, que le hacía olvidar los principios morales que le repetían sus padres desde que era una niña, cuando le decían: «nunca hay que insinuarse a un hombre, es él que debe proponer y nunca muestres lo que deseas». Hasta que entendió que cuando amas es muy difícil seguir las reglas. Entonces, se autoconfesaba al decir... «Nunca antes he sentido esto por Fernando. Creo que me merezco disfrutar sin tapujos del amor y la pasión que desata Heberto en mí».

Descubrió ese mundo de místicas pasiones que desconocía al percibir cómo se comportaba su cuerpo cuando estaba junto a él. Se convertía en un manantial de grandes afluentes de solo rozarlo.

***

Caminaron por el paseo del malecón varios kilómetros y después se sentaron en un banco espalda contra espalda; el tiempo se detenía al disfrutar de las vistas de aquel hermoso mar que embravecido, empotraba sus olas contra las rocas emitiendo un lánguido silbido que se esfumaba al desvanecerse.

Dulce María se giró en busca de su boca y dijo:

—Hay algo en ti que me ata y te hace distinto ante los demás.

Entonces, el rostro de Heberto cambió al escuchar abiertamente su comentario de connotativas palabras. Su intención no era hacerle daño y temió no haberle contado la verdad sobre lo que él sentía realmente. Intentó alejar su boca de la suya para evitar el beso que intentaba provocar.

No es que él no lo deseara, pero su instinto la rechazó, esa lucha entre su cuerpo y la razón que evitaba herirla. Era una mujer encantadora y digna de cualquier hombre, pero él no quería volver a equivocarse. Consideraba que no era el momento de relaciones, porque creía que sus objetivos en la vida estaban por encima del amor que sintiese por alguien.

Heberto acarició su rostro y movió un mechón de pelo que cubría sus ojos, y le preguntó mirándola de frente:

—¿Tú quieres a Fernando?

Ella enmudeció y su rostro se sonrojó. Hubo un enorme silencio, y pensativa miraba el horizonte. Continuó Heberto:

—Si no lo quieres, ¡libéralo! Acaba con esa relación sin herir, sin maldad... con la verdad, o al menos dense un tiempo prudencial para que ambos pongan en orden sus sentimientos.

Ella, lo abrazó y musitó entre sus brazos.

—Tengo miedo de terminar la relación. Una noche de tragos llevada por la sensación de éxtasis fui completamente suya, le entregué mi cuerpo, convencida de que él sería mi esposo toda la vida. Hoy la duda me enloquece de solo pensar que debo casarme con él... y no es lo que deseo.

»Me equivoqué, fui una ilusa al creer que era el hombre de mi vida, con quien formaría una familia y solo fue... mi primera vez.

» Después de lo que pasó entre nosotros temo que ningún hombre desee tener una relación seria conmigo, cuando le diga que he sido de otro. Vivimos en un país machista.

Entonces, Heberto le contestó:

—¡No temas!, el hombre que verdaderamente te ame no le importará tu primera experiencia, sino las mil y unas que vivas junto a él. Cuando el amor es verdadero el pasado no importa en absoluto, sino el presente que compartan.

Fueron momentos emotivos para ella y sus lágrimas mojaban su camisa entre sus brazos. La estrechó tan fuerte que sintió el palpitar de su corazón.

Después de un segundo abrazado a su pecho, ella le rogó que le hablara de ese amor que había dejado en su pueblo. Y le suplicó que dijera la verdad. Insistiendo...

—Estoy preparada para aceptarlo —aseguró—. ¿Qué pasó

con ese amor? Por qué después de tanto tiempo prevalece en ti un sentimiento de rechazo al amor…

Entonces, él dijo que no tenía las fuerzas necesarias para afrontar la situación, porque su luto aún no había cesado y hablar de ello lo entristecía.

—No logro entenderlo, ni siquiera yo —le dijo con voz entrecortada—. Desde hace años intento cerrar tan dura herida y aún no lo consigo.

Le hacía daño recordar y Dulce María comprendió su desánimo al hablar; rozó sus labios con sus dedos, interrumpiendo sus palabras:

—Quizás no sea el momento, perdóname.

Y le hizo saber que estaría a su lado para cuando él decidiera abrir su corazón. Ella respetaba su decisión de no hacerlo y sus sentimientos. Aunque esperanzada, confiaba en conquistar su corazón algún día.

Él la escuchó y después reflexionaba junto a ella:

—A diario me pregunto por qué las mujeres no son capaces de tomar sus propias decisiones; Sí, decisiones que puedan liberarlas de llevar tan pesada cruz a su espalda. Siempre se conforman con migajas, renunciando a las alegrías que la vida les otorga, en beneficio de otros, sobre todo por mantener la estabilidad familiar —le dijo enternecido.

Entonces, se levantaron del asiento y continuaron caminando agarrados de la mano. Y para olvidar los momentos tristes, ella propuso ir a comprar helados a la casa de un señor que los vendía desde la terraza de un cuarto piso, llamado Elías. Dulce María conocía el lugar desde hacía tiempo, porque Carmen la que limpiaba en su casa y cuidaba de ella cuando era una niña la solía llevar para agradarle. A Elías le faltaba la mitad de unos de sus pies, el cual había devorado un tiburón, cuando desesperado intentaba huir del país y se echó al mar en busca de libertad. Sin embargo, lo que encontró fue casi la muerte. Gracias a la astucia de sus compañeros que hicieron frente a tan temida bestia, seguía con vida. Una tarde Dulce María le pidió a Carmen que la llevara a la casa de Elías, ella prometió complacerla, si le prometía que no les diría nada a sus padres. Su interés cada vez se hizo mayor, porque Carmen decía que eran los helados más ricos de toda La Habana, hechos por una persona muy peculiar. Cuando lo conoció, lo que más le sorprendió fue el método tan efectivo que utilizaba para despachar a sus clientes a los que dejaba sorprendidos aparte de encantados.

Llegaban clientes de todos los rincones en busca de probar los famosos helados del tío Elías, como le llamaban los niños.

Todas las mañanas, muy tempranito preparaba la cantidad justa de helados para abastecer a su clientela; después los metía al congelador y, cuando terminaba con su rutina diaria, abría la puerta y salía a la terraza a sentarse en su balancín en espera de sus clientes. Con osadía saludaba a todas las mujeres y hombres que pasaban por su casa y les preguntaba con mucho salero.

—¡Oiga, señora! ¿No va a comprar helados hoy? Apúrese, que están tan ricos que me los quitan de las manos.

Después, sonreía sarcásticamente. A todos los vecinos que se asomaban al balcón les comentaba lo orgulloso que estaba de su nevera, porque a pesar de que lucía vieja y destartalada por fuera tenía un motor tan potente que era capaz de congelar en solo minutos.

Sus clientes conocían muy bien su *modus operandi* y desde abajo lo llamaban por su nombre y los demás le silbaban para que se asomara a la terraza. De inmediato salía, al escuchar su nombre o un silbido y decía:

—¡Espere un momento! Ahora le mando la cesta para abajo.

La tiraba soltando la soga poco a poco con precaución, evitando hacer daño a algún vecino que pasara por la calzada. Sus clientes depositaban dentro de la cesta el dinero de su pedido, después la subía para enviarla de nuevo con los helados; más el cambio si era el caso.

Cuando Heberto y Dulce María llegaron a la casa de Elías el heladero, tuvieron la suerte de no encontrar a nadie haciendo fila, por lo cual no tuvieron que esperar. Él al verlos llegar, de inmediato envió la cesta, ella desde abajo le pidió dos helados de coco y depositó el dinero en la cesta. Ansiosa sacó los helados y abrió uno para chuparlo y después lo puso en la boca de Heberto para que él también lo saboreara.

—Están deliciosos, ¿verdad? —le preguntó ella. Y antes de que Heberto contestara a su pregunta, volvió a decir—: Son los mejores de la ciudad.

Él asintió con la cabeza después de probarlo.

Exhaustos de caminar, Dulce María se ofreció a llevarlo a su casa en su auto. Su primera reacción fue negarse para evitarle problemas con su novio o su familia si la veían en el auto con él, o entrando en su casa. Pero ella no aceptó un no por respuesta y cuando llegaron a donde había aparcado el auto, dijo:

—¡Móntate! Te llevaré hasta tu casa.

Heberto vivía en una habitación abuhardillada en la que difícilmente podía ponerse de pie sin darse con una de las columnas; se la había intercambiado a una pareja de personas mayores que tenían dificultad para subir y bajar las escaleras y anhelaban pasar los años que le quedaban de vida rodeados de naturaleza en Valle de Viñales.

En ese apartamento vivían tres generaciones y el baño lo compartían entre todos, pero él había logrado acomodarse de la mejor manera posible en su buhardilla y montó una ducha portátil con barricas de agua para no tener que salir de su habitación.

Era la primera vez que Dulce María visitaba su casa y mientras subía las escaleras observaba la vecindad con una clara expresión de asco. Cuando subían se encontraron con el abuelo, que sujetaba los escalones con los pocos materiales de construcción a los que tenía acceso, para evitar que alguno de sus nietos pequeños se cayera.

Heberto abrió la puerta y la invitó a pasar, como si fuera una princesa que visita por primera vez el castillo del príncipe. Su ironía era palpable en su tono de voz.

Cuando ella entró, él de inmediato cerró la puerta y se quitó la camiseta para mojar su torso con el agua que había en las barricas que tenía postrada a la pared y que tapaba con unas cortinas de cuadros rojos, que a veces usaba como mantel para la mesa, mientras ella echaba una ojeada a la buhardilla. Después, extrañada le preguntó:

—¿Para qué tienes barricas de agua en la habitación?

—Para refrescarme cuando siento calor como hoy —le dijo—. Pero sobre todo las utilizo para bañarme sin tener que esperar a que liberen el cuarto de baño que está en la planta de abajo.

»Qué pena que no sepas cómo sobreviven las personas en esta vecindad. Ah, se me olvidaba que los que viven en los glamurosos barrios, como el que vives tú, o por donde pasean los turistas que admiran lo bien conservadas que están las fachadas de los edificios en La Habana; no saben lo que significa tener que ducharse echándose agua con un jarrito, porque no llega el agua a las duchas —continuaba con su risa burlona.

»Esa falsa moral es la que exportan al mundo esos a los que tú defiendes —le dijo—. Pero esta es la realidad de cómo vive el noventa por ciento de la población en este país, incluyendo los que dieron su vida por la revolución y ahora se ahogan en sus penas y lamentaciones.

»¡Esto que ves no es vida! y no es lo que deseo para mi país. Seguiré luchando hasta encontrar la solución de todos nuestros problemas.

Y terminó la conversación diciéndole:

—¡Yo amo y respeto estas tierras y a su gente! y no como estos políticos corruptos que nos gobiernan, liderado por un falso patriota que esconde sus frustraciones y se desquita con nuestro pueblo, humillándolo y haciéndole comerse sus propias heces.

***

Había mucho calor concentrado en aquel habitáculo y muchas noches para poder conciliar el sueño debía mojar el suelo y el techo en un intento desesperado para refrescar la habitación. Heberto tenía un pequeño ventilador que funcionaba haciendo un ruido atormentador y que no refrescaba lo suficiente como para liberar el calor concentrado en las paredes, porque su buhardilla solo tenía una abertura en forma de ventana en el techo.

Ella al verlo tan crispado, le dijo:

—No quiero discutir por lo mismo de siempre, hicimos

una tregua y decidimos respetar nuestras opiniones. Te ruego que no estropees la tarde que hemos pasado juntos, porque siento que no pierdes la oportunidad de hacerme culpable de lo que no es mi responsabilidad. Siento en tu voz continuos rechazos hacia mi persona. ¡Y no soy la culpable! —le recriminó. Y volvió a elevar su voz hastiada por la situación—. No soy culpable de tener esta vida, ni de los padres que tengo; a los que amo a pesar de que consideres que son unos comunistas sin corazón.

Después de aquellas palabras tan hirientes, salió despavorida de la habitación con un adiós seco, porque odiaba que la tratara de esa manera y que en cada momento le recordara quién era y los privilegios con los que vivía. Se marchó ofendida por su falta de delicadeza hacia ella, llamándole patán una y otra vez.

Esa tarde comprendió que debía alejarse de Heberto, por su inconformidad con la vida y todos sus prejuicios. No le perdonaba sus acusaciones, porque ella no se sentía culpable de nada. Después de aquel desagradable encontronazo, puso unas barreras entre ellos y decidió acabar definitivamente con su amistad. Él siempre le recriminaría ser la hija de, y la vida que llevaba. Y descartó por completo una relación amorosa entre ellos. Eran muchas las razones que los separaban y pocas las que los unían.

LUCIÉRNAGAS EN EL MAR CARIBE

Heberto convertido en un disidente público

Heberto continuaba acrecentando sus ataques al Gobierno y comenzó a recibir amenazas directas a su persona. Su figura se había convertido en uno de los rostros más populares entre los jóvenes adversarios del régimen.

Todos los domingos solía ir a misa como le habían enseñado sus padres, porque ellos eran creyentes y practicantes del catolicismo. Al terminar la misa, él y sus amigos caminaban hasta la plaza del pueblo, que estaba llena de transeúntes que llegaban con sus guitarras, a entonar canciones para todos los asistentes. Era el lugar preferido de todos en el pueblo para celebraciones y encuentros. Donde pasaban el día divirtiéndose bajo la sombra de los árboles. Y entre ron y aguardiente bailaban y reían como posesos en trance, a pesar de la adversidad.

La música era el mejor analgésico para todos en el país y, como ellos mismos decían…, Cuba, para los cubanos, porque eran los únicos capaces de sobrevivir a tan duro infierno. Todos bebían y bailaban hasta altas horas de la noche. Heberto no tomaba alcohol, pero se divertía escuchando las hazañas y travesuras de los amigos.

***

Entre el grupo de amigos con los que se animaba Heberto en la plaza había cinco personas a punto de cumplir su sueño. Estaban construyendo una embarcación con la que pretendían abandonar la isla junto a su familia. Las mujeres, esposas y concubinas, comenzaban a revelarse porque no estaban dispuestas a quedarse solas y abandonadas con hijos pequeños. Y preferían que todos asumieran los riesgos juntos.

Daban saltos en círculos celebrando de manera jocosa y con algarabía su pronta salida.

—Solo nos faltan retoques para terminar nuestra nave —decía uno de ellos—. Terminaremos con este infierno sin futuro al que nos someten, encarcelándonos en nuestro propio país.

Los materiales de construcción de una balsa eran bastantes caros y la mayoría vendía lo poco o mucho que tenía para invertirlo en su travesía y otras personas contaban con la ayuda de familiares que enviaban divisas desde fuera para costear el total de su viaje.

Bautizaron a su balsa con el nombre de Libertad, en honor a la estatua de la libertad que dibujaron en un lateral de la barca, con los brazos abiertos; apuntando a los Estados Unidos.

Los que recibían divisas eran afortunados y daban gracias a Dios Obatalá por las ayudas que enviaban sus familiares del extranjero; Los que ya habían emigrado de igual manera se encontraban en muy buena posición, como para ayudar a los que habían dejado en el camino. A diferencia de otros, que después de que lograban salir del país, se olvidaban por completo de sus raíces y abandonaban a su suerte a esposas e hijos.

Ilusionados esperaban su salida. Para algunos eran su tercer o cuarto intento. Y alegres decían:

—Nuestra nave es la más potente de todas y las que nos llevará esta vez a buen puerto.

Estaban convencidos de que esta vez conseguirían su objetivo.

—Ya nadie nos detendrá —animado decía el capitán—; yo he visitado cuatro cárceles en el país, pero al menos me han valido para aprender a burlar la vigilancia policial. ¡Esta vez lo conseguiremos! —decía, al grupo.

Heberto entristeció al escuchar los comentarios. Era la realidad de un país a la deriva, donde los jóvenes preferían echarse al mar, aunque en el camino se toparan con la muerte, en vez de luchar para expulsar a los secuaces y al régimen que expropiaba sus bienes.

Cuando la tarde se ponía tensa y se hablaba más de la cuenta a causa de la ingesta excesiva de alcohol, Heberto se marchaba junto a otros amigos. Se despedía de los más cercanos como Joshua, que intentaba hacerle desistir, alegando que era pronto para irse a dormir. Y añadía:

—¡Quédate, amigo! Es ahora cuando se pone buena la fiesta. ¡Mira todas las mujeres que han llegado!

Y a continuación pasaba la botella de ron para que se dieran un trago. Heberto se la rechazaba y la pasaba a su compañero del lado.

Todas las chicas bailaban moviendo sus cuerpos curvilíneos al ritmo de la música, con movimientos provocativos que calentaban al personal. Heberto se marchó con la intención de leer un poco antes de dormir.

La lectura siempre había sido para él un trampolín; una manera de saltar al vacío y refugiarse en mundos paralelos. Cuando necesitaba huir de todo lo que le afectaba en su vida.

En sus reuniones familiares, comentaba a sus padres que a veces sentía que no pertenecía al país donde había nacido, porque no se adaptaba a la forma de vida impasible de sus compatriotas.

Esa noche, cuando llegó a su casa encontró debajo de la puerta un papel escrito con otra amenaza, en la que le advertían de que si no cesaba con las opiniones malintencionadas que hacía llegar a los jóvenes del país, debía prepararse para enfrentar un juicio por propaganda enemiga.

Era la segunda advertencia recibida en un mes y Heberto comenzó a preocuparse al sentirse fichado por el régimen. A oscuras, con la mirada perdida se sentó en el borde de la cama a pensar. Por su cabeza pasaban todos sus miedos, tristezas y alegrías. Después de un rato de silencio, se animaba el mismo a continuar y decía:

—Estoy decidido a enfrentar lo que esté por llegar. Pase lo que pase, denunciaré esta situación ante los organismos internacionales. Lo haré público para dejar de manifiesto la crueldad que está padeciendo mi país y obligar a otros muchos países que nos dan la espalda, a que de una vez por todas nos tiendan las manos.

En sus pensamientos veía a un pueblo oprimido que se lamentaba, pero no se rebelaba, sumido en un conformismo sin precedente. Un pueblo que esperaba y esperaba y se conformaba con nada. Tanta falta de humanidad le dio las fortalezas necesarias para enfrentar el acoso al que estaba sometido, dispuesto a morir, si su muerte al menos valía para liberar o trazar el camino de jóvenes con agallas que estuvieran dispuestos a alzar su voz para defenderse del yugo.

—No lograrán silenciar mi lucha por la libertad. Desde

que aprendí la diferencia entre una sociedad democrática y otra comunista totalitaria, decidí romper con la disciplina del estado —sollozaba de impotencia, a pesar de ser una persona valiente y aguerrida.

Corría grandes riesgos al oponerse al régimen de su país, pero valía la pena apostar por lo que él creía justo y soñaba algún día alcanzar. El camino estaba claro para él. Y así se convirtió en un disidente perseguido por un régimen, protegido por un pueblo cegado, que difería de la realidad. Y había llegado el momento que tanto sus padres temieron, pasó de ser un simple estudiante con ganas de protagonismo a ser un disidente fichado por el régimen.

Sus padres estaban orgullosos de que su hijo fuera un defensor por decisión y convicción de los derechos humanos, pero nunca imaginaron que podría convertirse en opositor. Temían perderlo para siempre, por los peligros que conllevaba tener una opinión distinta del régimen…

***

Dulce María dejó de frecuentar los lugares donde podía encontrarse con Heberto para evitar su presencia. Intentaba recuperar su vida junto a Fernando y se refugió por completo en él, para salvar su relación y retomar sus planes de futuro. Buscaba salir de la monotonía proponiendo salidas a discotecas y bares que nunca fueron de su preferencia.

Encontró la estabilidad fingiendo ser la novia enamorada e ilusionada, con la llegada de su boda. Creyó arrancar de raíz su perturbada amistad con Heberto, con quien había compartido sus secretos y había mantenido una íntima relación, imposible por diversas razones, que se convirtió en un silencioso e inmenso amor.

La tarde oscurecía a causa de las lluvias provocadas por una tormenta tropical que acechaba la ciudad; pocos se atrevían a salir por temor al peligro que originaban los vientos huracanados. Encerrada en su habitación y tumbada en la cama con los ojos cerrados, escuchaba música que la hacía levitar y transportaba su cuerpo a los campos de lavanda en la Provenza; en busca de paz.

Su madre la notaba distinta, sin ganas de maquillarse o de lucir ropa nueva. La obligaba a comer para mantener sus defensas. Su rostro lucía lánguido y amarillento a causa de la falta de hierro. Intentó convencerla para llevarla al médico, aunque ella rehusó, porque sabía que su enfermedad era mal de amores, su corazón no dejaba de latir por la persona equivocada. Con la que soñaba cuando estaba en brazos de otro hombre.

—¡No me pasa nada mamá! —le dijo reiteradas veces.

Pero madre al fin, la obligó a ir al médico. De camino, le preguntó por su relación con Fernando, creyendo que era el motivo de su desgana en los últimos meses.

—Dime la verdad, hija. ¿Algo anda mal entre ustedes? —le preguntó acariciándola como si de una niña se tratara—. ¿Te ha hecho algo indebido? —Continuaba preguntando ansiosa la madre—. ¿Se ha ido con otra mujer?

Dulce María la escuchaba, pero no podía sincerarse con ella, sabía el daño que les causaría a sus padres que ella dejara a Fernando.

Ella sabía perfectamente quién era y de quien se había enamorado. Apenas tenía amigas con las que desahogarse o invitar a su casa como hacía el resto de las niñas. Excepto a su amiga Niurka con la que se desahogaba y compartía sus penas, aunque nunca pudo llevarla a su casa porque no era de su círculo social.

***

La preocupación de su madre por su hija persistía, porque la niña risueña que disfrutaba de su familia se había esfumado. Todas las tardes cuando llegaba de la universidad se refugiaba en su habitación y se arropaba con su soledad para que nadie pudiese juzgarla, ni interpretar sus penas. No deseaba ver o hablar con nadie y comenzó a faltar a la universidad, alegando que no se sentía bien emocionalmente. Situación que afectó su récord de estudios, que solía mantener por encima de los demás.

Una de esas mañanas de las que no asistió a la universidad, se sorprendió al ver a tantos militares de altos rangos encerrados en el despacho con su padre. Sigilosamente, se acercó para escuchar la conversación detrás de la puerta. Y pudo entender algunas cosas; otras eran difíciles, ya que hablaban con códigos.

Su padre creía que estaban solos en la casa. Dulce María solía ir todas las mañanas a la universidad y ese día su madre tenía cita en un centro de belleza y regresaba al mediodía para comer en familia.

Cuando su madre llegó y no la sintió en el comedor, se extrañó, caminó hasta su habitación y tocó la puerta varias veces para obligarla a abrir.

Su padre se había marchado y no regresó hasta la noche, pero cuando llegó a la casa, parecía un perro a falta de hueso.

A los pocos minutos de llegar a la casa, llamó reiteradas veces a su hija. Le urgía hablar con ella, pero a Dulce María no le apetecía encontrarse con nadie y se hizo la desentendida. Entonces, con voz estridente, volvió a llamarla. Ella se asustó y corrió en pijamas hacia el despacho. Abrió la puerta despacio, él caminaba de un lado a otro con las manos detrás y ni siquiera se había quitado el uniforme militar con las insignias de sus rangos. Parecía inquieto e irritado por alguna razón que ella ignoraba. Y con cara de asombro, le preguntó:

—¿Qué pasa, papi?

—Ven, acércate pequeña. Necesito que hablemos de algo engorroso y serio.

Su cara palideció al presentir que se trataba de lo mismo que había hablado en el despacho con los militares. Aunque, nunca mencionó nombres en la conversación, ella dedujo que se trataba de Heberto y sus amigos. No quiso levantar sospechas y evitó preguntarle, rogando a Dios que se tratara de otra persona.

Su padre, sin titubeos, dijo:

—El Servicio de Inteligencia me ha informado que te relacionas con un grupo de disidentes de la Universidad, encabezado por un joven opositor llamado Heberto Rodríguez.

Al escucharlo se sintió descubierta, respiró hondo, pero sus manos sudaban y las introdujo dentro del bolsillo del pantalón para que no notara su nerviosismo. Era difícil engañar a su padre, y prefirió decir la verdad, aunque fuera solo a medias. Ella al igual que su padre odiaba las mentiras y él se sentiría defraudado si llegara a descubrirla.

A pesar de ser un padre dictatorial por sus responsabilidades en la jerarquía militar, la relación con su hija se había forjado basada en la confianza mutua. Entonces, ella, al verlo tan insistente, intentó calmarlo:

—Heberto es solo un conocido para mí, papá, no es un amigo. He coincidido con él en contadas ocasiones. Hace poco tiempo que lo conozco y fue solo por casualidad.

»Él es solo un joven con afán de protagonismo que desea expresar sus opiniones libremente; por supuesto, distintas a las mías. Es importante que sepas que él no representa ningún peligro para ti, ni para el régimen.

Su padre enmudeció un segundo al escucharla y después le exigió que se olvidara de él para siempre.

—No quiero que pises el césped por donde él pasa —dijo alterado—. Cómo es posible que ese grupo de mamarrachos continúe infectando el campus universitario... ¡Dulce María, es una orden! ¡Aléjate de él!

Le advirtió de que podría ocasionar grandes inconvenientes, no solo a la familia, sino también al país.

Ella asintió con la cabeza y dijo:

—No te preocupes papi, no volveré a verlo nunca más.

—De eso me aseguraré yo —añadió su padre.

Mientras ella intentaba tranquilizarlo al decirle que él no significaba nada en su vida. Después, se acercó y le dio un beso en la frente, intentando dejar atrás el malentendido. Acarició su rostro con aspecto enfadado y —le dijo. ¡Estás más guapo cuando sonríes!

Su padre caminó hasta el escritorio y solo dijo...,

—Después seguiremos hablando, señorita, ahora tengo que hacer una llamada que no puede esperar.

***

Ella salió del despacho confusa, analizando las palabras de su padre, entonces, comenzó a mortificarse por Heberto. No se perdonaría que le hicieran daño por su culpa, se sentía obligada a decirle lo que estaba sucediendo, pero, por otra parte, no quería traicionar a la persona más importante en su vida.

Su padre era un hombre de honor, respetado y temido por todo el país. Ella había decidido no volver a ver a Heberto, eran muchos los muros que los separaban, pero el peligro que corría requería que lo buscara de nuevo para advertirle de la situación en la que estaba inmerso. Temía que lo echaran de la Universidad o lo despojaran de sus méritos académicos que tantos esfuerzos le habían costado.

En alguna ocasión, ella escuchó hablar a su padre de los métodos que usaban para callar a los opositores; los aislaban para robarles su identidad y dejarlos sin documentos, como a un animal salvaje sin identificar, sin registros de su existencia. Su miedo se incrementó al temer que lo torturaran y después asesinaran y que lo dejasen tirado en algún barranco a las afueras de la ciudad.

Sus horripilantes temores la invadían y a la vez se tranquilizaba, convencida de que su padre no era capaz de cometer monstruosidad de ese calibre.

Aunque para Heberto su padre era uno de los mayores sanguinarios y responsable de acciones denigrantes en contra de su país.

Dulce María no era capaz de conciliar el sueño, pues presentía lo peor. El sentimiento de culpa oprimía su corazón y alteraba su estado de nerviosismo, creyéndose culpable absoluta de la situación, por haberlo acosado durante un tiempo para que él la aceptara como amiga. Él se rehusaba a aceptarla intentando huir de la situación que hoy los acechaba.

Cuando Dulce María hacía de espía en su casa, se dio cuenta de las persecuciones ordenadas por su padre y descubrió que la escolta la había seguido durante meses, al recibir una alerta de la Universidad. Habían actuado siguiendo las órdenes de su padre, al que le preocupaba el acercamiento de su hija con un opositor al régimen. Después de aquella noche de interrogatorio, en ella nació una necesidad de descubrir la verdad sobre su padre. Y su intención era llegar al fondo, para ser capaz de contestar tantas preguntas que estaban en el aire. Durante varias semanas recopiló y leyó todos los documentos que su padre dejaba al descuido en busca de información concluyente que aclararan sus temores, pero por desgracia no encontró lo que buscaba.

Ella desde hacía tiempo conocía la contraseña de la caja fuerte de su padre, no porque él se la hubiera confiado, sino por su habilidad y sintió curiosidad de conocer lo que con recelo custodiaba en ella. Intentó abrirla creyendo que la combinación funcionaría, pero su padre la había cambiado. Por alguna razón inexplicable para ella, él cambiaba cada tres semanas la combinación. Y ella dejó de insistir. Sin embargo, meses después sintió de nuevo curiosidad o necesidad de saber qué guardaba en la caja.

El despacho de su padre estaba frente a su habitación y varios días estuvo estudiando los movimientos de sus dedos cuando marcaba la contraseña, hasta dar de nuevo con la combinación. A la mañana siguiente, ella no se levantó de la cama, haciéndose la enferma para no ir a la universidad y esperó a que su padre saliera para el cuartel y su madre se fuera al *gym* con las amigas. Aun así, debía ser precavida por las cámaras de seguridad que había en la casa, pero ella sabía perfectamente dónde estaban ubicadas y cómo inhibirlas. Se reía al decir que el peor enemigo es tu amigo, porque conoce con exactitud tus movimientos. Y con astucia logró abrir la caja en busca de documentos clasificados. Encontró varias carpetas colocadas por orden numéricos con documentos y en otras había fotografías de personas con breves reseñas biográficas y diferentes rutas resaltadas en colores.

Las fotografías no tenían nombres, solo siglas. Entre ellas había algunas que llamaron su atención, como la foto de su amigo Joshua y su hermana, junto a sus datos personales y dirección. Con discreción sacó las fotos y todos los documentos relacionados con ellos y volvió a cerrar la caja con sigilo. Después se encerró en la habitación y quemó todo lo que había extraído de la carpeta. No había dudas de que la escolta conocía las actividades revolucionarias e indisciplinarías que realizaban sus amigos, con Heberto a la cabeza.

***

Al día siguiente, se preparó para ir a la universidad en busca de Heberto; tenía los ojos hinchados con ojeras y la cara descolocada por haber dormido pocas horas. Cogió su auto sin que nadie la viera salir para que no la siguieran. Con los nervios a flor de piel, aspiró profundo antes de arrancarlo. Cuando estaba a dos cuadras cerca de la universidad, aparcó su auto entre otros más grandes para despistar.

Llegó más pronto que de costumbre a la universidad y se quedó en las inmediaciones del recinto un buen rato en espera de Heberto; por suerte apenas había alumnos en los alrededores, de los que se escondía para que tampoco ellos la vieran. Era importante para ella advertirle a Heberto que su desacato al régimen le traería severas consecuencias.

Al no coincidir con él, después de un buen rato de espera decidió entrar a buscarlo, por si había accedido por otra puerta, pero tampoco lo encontró en el patio ni en su clase.

Recorrió los lugares más frecuentados por él, como la biblioteca o la cafetería, pero ahí tampoco estaba. «Como si se lo hubiera tragado la tierra», pensó. No había rastro de él en todo el recinto de la universidad. Y entonces entró a sus clases para que no le fueran con el chisme a Fernando y este la atosigara con preguntas malintencionadas. Su intención era seguir buscándolo al terminar sus clases, pero tampoco tuvo éxito. Fernando la esperaba para que lo acompañara a buscar unos documentos necesarios para la tramitación de su visado a España... Un inminente y deseado viaje que él esperaba con ilusión.

Pero ella al día siguiente volvió a intentarlo de igual manera y tampoco esta vez tuvo suerte —«como si la tierra se lo hubiera tragado»—. Pero se encontró con su amigo Joshua, a quien no le comentó nada sobre los documentos que había encontrado de él, en el despacho de su padre y que había quemado. Le preguntó exaltada por Heberto y él de manera escueta contestó:

—¡Él no está pasando por su mejor momento! —le dijo. Pero se repondrá.

A continuación, Joshua se marchó a clases y ella lo observó mientras él caminaba, pensando en las palabras que había dicho: «Se repondrá».

¿Por qué habrá dicho eso Joshua?, se preguntó.

—¡Ayúdalo, Obatalá! dijo ella.

Pasaron varias semanas y ella seguía sin saber noticias del

paradero de Heberto.

***

Porque Heberto se había tomado un tiempo prudencial para reflexionar y planificar su vida futura, debido a los últimos acontecimientos. No se sentía fuerte psicológicamente. Necesitaba reorganizar sus ideas antes de ejecutar su plan, para que fuera limpio y silencioso.

Llegados a ese punto, Heberto pensó que la siguiente tirada del periódico sería de suma importancia, debido a los últimos acontecimientos ocurridos. En el debía dejar claras las intenciones del régimen con respecto a su persona y su afán para obligarlo a abandonar su lucha. La lucha por la libertad de su país.

Heberto había quedado en verse con su amigo Joshua en un salón de la universidad, para comentar los últimos retoques de la publicación. Él era su mano derecha, en quien confiaba plenamente. Hablaron distendido junto a otros amigos del equipo de redacción, que se incorporaron más tarde a la conversación para ultimar, discutir y revisar los temas ineludibles para la publicación. Y por unanimidad estuvieron de acuerdo con el paso a seguir. Reafirmaron su decisión de seguir adelante, a pesar de las amenazas de muerte.

Ese mismo día, Joshua le contó a su amigo Heberto qué Dulce María había estado buscándolo todos esos días que él había estado ausente, porque le urgía prevenirlo de algo.

—Dijo que era importante.

Heberto se entusiasmó al saber de ella, y le contestó a su amigo que la buscaría al terminar la reunión, porque la extrañaba.

Aunque apesadumbrado, dijo:

—Sé que es una locura; pero deseo verla al menos para disculparme.

Entonces fueron a la cafetería para comer algo y al llegar, Heberto se percató de que Dulce María se encontraba sentada en una mesa con su novio. Ella estaba de espaldas a la entrada y por eso no se había percatado de su llegada. Él sintió en el cuerpo unos calambres intensos al verlos tan agarraditos, derrochando complicidad y disfrutando de una colada. Frunció las cejas y apretó su mandíbula inferior con fuerza, mientras los miraba sin parpadear.

En ese momento al verlos tan cerca, recordó las palabras de Dulce María cuando sentados en el malecón, abrazada a su pecho entre lágrimas le dijo que no amaba a Fernando. Él la había creído, pero ahora lo desconcertaba verlos tan sonrientes, como dos tortolitos en busca de paja para su nido.

Sintió tantos celos que no le importó ir tras ella y cuando se acercaba a su mesa para que supiera que él estaba presente, su entereza y diplomacia le hicieron entrar en cordura y volver atrás. Fruncía sus cejas y con enfado dijo:

—Si me buscabas; aquí me tienes.

Le hervía la sangre por dentro de ver entre ellos tantos arrumacos y muestras de cariño. Fernando la estrechaba entre su pecho y besaba el contorno del óvalo de su oreja, mientras le susurraba palabras de amor. Heberto los miraba constantemente y sonreía, pero ninguno de los dos se percató de su presencia.

La conversación con el grupo se hizo nimia e incoherente para Heberto, su cabeza y atención estaban en otra mesa. Joshua entendió la situación al ver a su amigo distraído y algo incómodo en el lugar, y sonrió al ver su cara enrojecida y entendió que había caído en las redes de la mujer equivocada.

***

La prioridad de Dulce María, después de haber decidido alejarse de Heberto era salvar su relación con Fernando y continuar con los planes de futuros que tenían. Todo estaba previsto para que ella se convirtiera en su esposa al terminar la universidad. Solo le faltaba un año para su graduación y, sin embargo, Fernando se licenciaba ese mismo año

***

Él era un año mayor que ella y después de la graduación tenía previsto viajar a Madrid, capital de España, donde realizaría un postgrado en Económicas, gracias a una beca de estudios otorgada por el Ministerio de Educación de España, privilegio que le otorgaron por sus relaciones con la cúpula política del régimen.

Cuando sus ataques de celos se calmaron y la ira que llevaba dentro remitió, se acercó a ellos con la excusa de saludarlos. Con educación, se dirigió a ellos, aunque su rostro enrojecido reflejaba el malestar que sentía.

Ella se sorprendió al verlo llegar, él extendió su mano tensa y fría como un bloque de hielo para saludar a Fernando, sin embargo, a Dulce María le dio un cálido beso en las mejillas para sentir su rostro.

Sus miradas en cuestión de segundos se cruzaron reprochándose todos sus resentimientos. Pero Dulce María, con una mirada intensa que oscurecía más el color de sus ojos, le venció, porque él no era capaz de mantener la suya frente a ella, al cuestionarse y haber replanteado su actitud y trato hacia ella.

Con escuetas palabras y poco agrado de verlo, Fernando saludó.

A él no le sorprendió su actitud, porque siempre le había molestado su presencia.

—¿Cómo estás Dulce María? Hace tiempo que no sé de ti —preguntó Heberto.

»Te he buscado en todas partes e incluso he sido indolente y atrevido, al atravesar los lindes que separan los pobres de los ricos —dijo de forma jocosa.

Y ella no dudó en contestar a su provocación.

—El único muro que nos separa, es el que tú has forjado sin fundamentos.

Pero Heberto continuó haciendo preguntas indebidas en presencia de Fernando, a quien ignoró por completo.

—Estuve ocupada fuera de la ciudad durante varias semanas —se justificó Dulce María ante él. Fernando la miró al escucharla sorprendido por sus mentiras. No entendía por qué se justificaba ante él. Obstinado con su presencia, la cogió del brazo obligándola a marcharse y dejando a Heberto con la palabra en la boca.

Él la observó al salir y desconsolado se tocó repetidas veces la cabeza y plegó los labios. Cuando volvió a la mesa con los amigos, ellos se reían de él a sus espaldas al contemplar el desplante que le habían hecho.

Terminaron la reunión y se marchó a la casa a reorganizar sus pensamientos, distante y en silencio.

***

Ya en su casa, Dulce María no dejaba de pensar en la mejor decisión y, después de mucho sopesar la situación, decidió permanecer callada y no revelar a Heberto todo lo que había descubierto. Temió perjudicar más, o empeorar la situación que atravesaba. Prefirió creer que no había suficientes pruebas con fundamentos para culpar a su padre. Y podría generar fuertes alarmas revelando lo que había creído escuchar y de lo que ya no estaba segura del todo.

Buscaba la manera de justificarse para no sentirse culpable. Y dijo:

—Al fin y al cabo, creo fehacientemente que mi padre es una persona noble e incapaz de hacer daño al prójimo.

Su hija lo consideraba un hombre justo y honorable y pensaba que las dudas que rondaban su cabeza eran fruto de una propaganda detestable y malintencionadas, orquestada por Heberto. Y decidió olvidar y no remover historias del pasado; por el bien de los dos.

***

La lejanía de Dulce María estaba afectando emocionalmente a Heberto, porque ella había logrado conquistarlo con su forma de ser. Pero sus temores a la relación eran evidentes. Ella era la hija consentida de un alto militar y vivía aún en el cascarón de su entorno familiar. A pesar de tener suficiente edad para pensar y tomar sus propias decisiones, veía en ella a una niña malcriada y consentida que ignoraba qué tan cruel o satisfactoria podría ser la vida para unos y desgraciada para otros. Pero, aun así, tenía el corazón lleno de bondad; solo estaba ciega y distraída por la crianza que había tenido. Disfrutaba de privilegios y derechos que a otros les negaban. Y Heberto no podía engañarse. Su familia nunca lo aceptaría como novio de su hija porque era un opositor acérrimo con ganas de cambiar el curso de una nación a la que le robaban sus derechos.

Volvió el silencio entre ellos y se alejaban cada vez más después de aquel encuentro furtivo. Pero Heberto no estaba dispuesto a darse por vencido, y una mañana se levantó dispuesto a luchar por ella y estuvo días merodeando los alrededores de la universidad esperando encontrarla; y no lograba coincidir. Necesitaba verla de nuevo, hablar a solas…, sin Fernando, sin que nadie les interrumpiera, en un intento desesperado de solucionar sus diferencias. No soportaba más su desinterés y necesitaba su apoyo para afrontar lo que le venía encima. Hasta que por fin apareció de la nada. Dejó que aparcara su auto, mientras la observaba con resquemor, temiendo encararla. Al verla bajar se preguntó una y mil veces si ella era la persona idónea en la que cobijarse.

Embutida en unos pantalones ajustados y una camiseta atrevida que dejaba ver su frescura, a pesar de no tener excesivas curvas por su delgadez, la vio salir del auto. Su corazón bombeaba más sangre que de costumbre y se desmoronó ante la mujer que poco a poco se adueñaba de su corazón. El hombre fuerte que no temía a nada ni nadie temblaba al encontrarse frente a frente con la mujer que había trastornado sus pensamientos.

Dulce María se asustó al verlo de repente y con media sonrisa le reprochó que estuviera esperándola cuando era notorio que ella no deseaba volver a verlo.

—¡Necesito hablarte! —con voz temblorosa le dijo.

Ella respiró profundo y sin saber qué decir; enmudeció.

Él insistió para que se alejaran y tuviera la oportunidad de darle una explicación a solas.

—¿Por qué ahora? Dejemos las cosas como están, es lo mejor para los dos —dijo ella con desagrado.

Él se acercó a ella para coger sus manos y se dio cuenta de que lucía pálida.

—¿Qué te sucede? —le preguntó apretando sus manos.

Su aspecto no era saludable. Ella se sinceró.

—Estoy convaleciente, he pasado unos días con fiebre y aun no estoy recuperada del todo; mis defensas nunca han sido fuertes y los cálidos aires que llegan después de una terrible ola de calor siempre afectan mis pulmones, obligándome a permanecer en cama durante varios días, aunque decidí asistir a clases para evitar que las faltas repercutan en mí promedio.

Él puso sus manos en su frente para comprobar la calentura de su cuerpo y, asustado, dijo:

—¡Estás ardiendo!

Entonces la abrazó besando su frente con ternura, ella se dejó querer y mimar unos minutos sin protestar, debido a su debilidad física y emocional. Entre sus brazos se reconfortaba, aunque sutilmente fue apartándose.

Entonces, Heberto insistió agarrando sus manos y colocando su cabeza en su corazón para que sintiera cómo latía al tenerla cerca. Después le suplicó que se marcharan del perímetro para evitar ser vistos —no porque él tuviera miedo, le aclaró—, sino por evitarle problemas con su novio.

Ella aceptó la propuesta por miedo a ser vista por Fernando o por el servicio de inteligencia de su padre. Era consciente de que estaba bajo vigilancia, aunque con astucia lograba burlarla. Pero si la encontraban junto a él, podrían hacerle daño.

Se alejaron unos kilómetros de la universidad hasta llegar a un parque que estaba bastante concurrido, con frondosos árboles que podían servir de escudo para no ser vistos desde fuera. Entonces, decidieron entrar para conversar y aclarar tantos malentendidos convertidos en volcán en llamas.

Pero era imposible mantener una conversación tranquila entre tanto alboroto, el parque estaba lleno de adolescentes borrachos con aspecto de mendicidad, que tomaban como si el mundo se acabara…

Este era un fenómeno alarmante patrocinado por el mismo Gobierno en grandes ciudades y provincias del país constatado por Heberto, a través de un estudio realizado donde advertía del daño causado a una sociedad deteriorada ya por otros fenómenos sociales, como la prostitución entre adolescentes. Esto también lo inducía el Gobierno para generar ingresos.

El panorama que veían sus ojos era espeluznante: jóvenes convertidos en lacra social, una amenaza más para un país dividido que caminaba sin rumbo, que permitía que otros le robaran todo lo que le pertenecía a cambio de una pequeña miseria, convertida en libreta de abastecimiento. Jóvenes y adultos divididos e incapaces de tomar acciones conjuntas que solucionaran sus problemas.

Heberto no tuvo reparos en levantarse del banco donde se habían ubicado y acercarse al grupo que reía, mientras tomaban sus botellas de ron en hora temprana de la mañana, en vez de estar en las escuelas o en los campamentos, donde debían de residir los adolescentes por obligación al menos un mes para servir al Gobierno.

Les saludó utilizando su mismo vocabulario, en su intento de agradar. Su intención era persuadirlos de que dejaran de tomar alcohol y animarlos a invertir su tiempo en acciones más provechosas para ellos y sus familiares.

Los chicos al escuchar su discurso comenzaron a increparlo y burlarse de él, invitándolo a que siguiera metiendo mano a su novia y los dejara en paz.

Uno de ellos le preguntó retándolo:

—¿Tienes algo mejor que ofrecerme?

—¡Claro que sí! —le contestó Heberto con seguridad—. ¿Te parece una buena propuesta ser capaz de construir tu propio país y no destruirlo con acciones incívicas como esta?

»Tu país necesita a toda su juventud sana y fuerte mentalmente, para que sean capaces de discernir y entender lo que se está haciendo en contra de nuestro propio pueblo, solo para beneficiar a unos farsantes que dicen ser nuestros salvadores. Y les invitó a salir a protestar por lo que les quitan y obligan a hacer en detrimento de otros ciudadanos.

Dulce María lo observaba y admiraba su proeza y actitud ante la vida. Era capaz de convertir una acción destructiva en oportunidad constructiva al ayudar al prójimo sin esperar nada a cambio. «Es fácil amar a alguien así, capaz de darlo todo sin pedir nada a cambio», pensó.

Cuando Heberto creyó que los jóvenes al menos pensarían mejor sus acciones antes de autodestruirse, volvió con Dulce María. Se disculpó con ella por haberla dejado unos minutos sola y después se marcharon hacia la otra esquina del parque, para alejarse un poco del revuelo que tenían los adolescentes.

Ella se había convertido para Heberto en una persona imprescindible y una de las pocas con las que había mantenido una relación estrecha desde su llegada a La Habana.

Cuando ella lo conoció, lo aceptó y no le importó su ideología política. Él desde el principio le dijo quién era y sus propósitos en la vida y ella se empeñó en ser su amiga; por tal razón, él ahora le recriminaba que huyera de él y evitase su presencia, cuando ya era muy tarde para ello.

Acarició sus manos frías a pesar del aire caliente que agitaba su pelo y, mirándola a los ojos le pidió encarecidamente perdón por haber actuado indebidamente.

Ella continuaba reacia a perdonarlo, mientras él insistía en su perdón, al recordarle que nunca le había mentido, que siempre sostuvo su verdad.

Compungida y acongojada, Dulce María emitía gemidos entre sollozos. Entonces, lo abrazó intentando mitigar su desconsuelo y soledad. Aquella que sentía en sus propias entrañas, por no saber qué hacer o cómo actuar para no dañar a su familia, a su prometido o al hombre que comenzaba a amar y temía admitir para protegerlo.

***

Asustadiza con voz trémula, logró recuperar el habla; y repetía:

—No, no, no... no podemos seguir viéndonos. ¡Esto debe de acabar aquí! Yo podría causarte la muerte sin pretenderlo u ocasionarte graves problemas, no solo a ti, sino también a tu familia.

Ella continuó desahogándose y él no pestañeaba al escuchar sus plegarias.

Entonces, ella acarició su cara y mirándolo fijamente le dijo:

—¡Escúchame!, quizás sea tu última oportunidad. El régimen te vigila de cerca…, te tiene acorralado, de inmediato debes de ponerte a salvo. ¡Ahora mismo, ya! Lamento decirte, que nuestra amistad ha sido el desencadenante de tu desgracia.

»Mi padre se reunió conmigo hace algunos meses para advertirme y exigirme que me alejara de tu persona. No quiero interferir en tu forma de ver la vida, ahora me doy cuenta de lo que eres capaz de hacer y no quiero detener tu hazaña. Pero estás metido en graves problemas. Ahora soy yo la que está convencida de que debes continuar gritando al mundo tu verdad.

»Es admirable el valor con el que te enfrentas a esta situación… me enorgullece ser tu amiga y que existan personas como tú; capaces de levantar su voz desafiando al miedo.

Entonces, él la interrumpió poniendo los dedos sobre su boca y rozando muy lentamente sus labios, mientras le recordaba:

—Llevamos varios años conociéndonos y nuestra amistad un día se transformó en una necesidad física de unir nuestros cuerpos para satisfacer el placer que nos invadía, actuando en plena facultad.

»Tú estás comprometida con otro hombre y yo he estado huyendo del amor durante años, porque no quiero afrontar compromisos que puedan interferir en mi lucha. Sin embargo, has permanecido a mi lado aun estando en desacuerdo de mis actos de rebeldía.

»Sé, que es una relación difícil, pero aquí estoy frente a ti con mi verdad, y siento como si estuviera luchando con un ejército. Cuando estoy cerca de ti, flaquean mis fuerzas de solo mirarte y las palabras no fluyen.

»Ambos somos culpables de la decisión que un día tomamos y tendremos que asumir las consecuencias de nuestros actos. Solo nos queda un camino para llegar, aunque lo recorramos por diferentes rutas.

***

»Yo tengo una lucha que librar y tú una promesa de matrimonio que cumplir. No tengo derecho a culparte, mucho menos a condenarte cuando solo eres una consecuencia de tu crianza. Pero ahora es tu responsabilidad y decisión seguir o no con la vida color de rosa que llevas; puedes revelarte a todo eso y descubrir junto a mí, el deber de ayudar a los que no pueden o no saben cómo hacerlo.

Dulce María con su cara notablemente afligida, le dijo a Heberto:

—Yo solo puedo importunar tu vida y llenarla de desgracias.

—¡Cálmate! y no digas eso por favor.

»Los dos somos culpables de la situación… pero solo sé que germinas en cada semilla de mi jardín. Intenté muchas veces persuadirte para evitarnos sufrimientos innecesarios. Pero te empeñaste en desafiar al destino, a pesar de que había muros infranqueables entre nosotros. Y me diste mil y unas razones para amarte, cuando aún me encontraba confuso y trastornado por un sentimiento asesino.

»Ahora es tu turno y debes decidir nuestro futuro; no soy yo quien está comprometido para casarse. Soy libre frente a ti, con mi verdad y mis errores; pero, sobre todo, estoy dispuesto a luchar por nuestro amor…, si te decides a seguir mis pasos.

»Sufrí mucho a cuenta de un amor imposible, descubrí la miel del amor, pero también la hiel del rechazo cuando me abandonaron como a un perro viejo… No quiero volver a pasar por ello—.

»¡No me abandones! te lo ruego. Porque llenas ese inmenso vacío de un amor frustrado en el pasado, llenándome de vida. ¡Déjame conocerte!, sin importar los muros que puedan separarnos. Porque estoy dispuesto a quemarme en la hoguera de tus pecados, sin importar las brasas que puedan desollar mi piel, si me aceptas a tu lado.

»No sé cómo, ni cuándo sucedió, pero mi conciencia irracional me dicta que no te deje ir y esa fuerza desgarradora me empuja a luchar por ti, con el mismo coraje que lo hago por mi país. No me daré por vencido fácilmente.

Acarició su piel y al percibir sus latidos la besó apasionadamente y se envolvieron en una desenfrenada pasión que no lograban controlar ante la mirada de los viandantes del parque.

***

Convencidos, se dejaron llevar por la pasión que les hacía perder el control; comenzaron una relación clandestina, en la que ni sus mejores amigos se dieron cuenta de las brasas que entre ellos ardía. Aunque, antes ella le pidió a Fernando que se dieran un tiempo prudencial para pensar y decidir el futuro de su relación. Alegó confusión emocional y diferencia de caracteres.

Prefirió mostrarse confusa de cara a la galería, para no levantar sospechas. Pero sus verdaderos sentimientos siempre estuvieron claros con respecto a su relación con Fernando.

LUCIÉRNAGAS EN EL MAR CARIBE

***

Su madurez llegó con el amor que comenzaba a sentir por ese hombre al que cuanto más conocía, más respetaba y halagaba su valentía.

Fue el comienzo de cambios importantes en su vida. Empezó a valorar lo que realmente valía la pena. Comenzaba a entender que una acción por pequeña que fuera, era el primer paso para llegar a la meta. En ella nacían nuevas prioridades, como la de conseguir un espacio relevante en la vida profesional ante la sociedad. Entusiasmada con desarrollar habilidades que la ayudaran a erradicar la discriminación entre géneros, apostando por la igualdad y transformación de la sociedad civil, se convirtió paulatinamente en una defensora del empoderamiento de las mujeres.

De su lista de planes futuros había borrado el casarse o tener hijos sin antes reafirmarse como una mujer libre y realizada.

Rehusaba a transformarse en una máquina de tener hijos, como las mayorías de mujeres a su alrededor: Las que se casaban y tenían hijos con solo quince y dieciséis años, las que debían abandonar sus estudios por el sacrificio familiar. Tenía un espejo en su propia casa: su madre; a la que nunca le interesó prepararse profesionalmente, se dedicó a ser la esposa sumisa que acataba las órdenes de su marido. Un alto militar que no solo ejercía su mando con el pueblo, sino en su propia casa con su familia. El hombre implacable al que solo lo vencía su hija cuando lo esperaba con un beso…

Todo aquello de lo que ahora hablaba Dulce María, eran puras palabrerías para Fernando, basadas en acontecimientos imposibles de llevar a cabo. Un sinsentido al que él no daba credibilidad. Pero él desconocía su nueva faceta. La Dulce María que él conocía era sumisa y acataba órdenes, porque no tenía criterio propio, pero ella había aprendido a través del espejo de otros y fue entonces cuando comenzó a entender el mundo, pero desde su propia perspectiva y a valorar sus decisiones; sin temor a equivocarse… como parte del aprendizaje de un ser humano. Convencida de que una acción debe llevar implícita una reacción.

 Fernando al escuchar sus reflexiones sentía que estaba con otra mujer y no la Dulce María que él conocía. Se reía en su cara de sus «estupideces», según su criterio, porque no creía que de repente se hubiera transformado en una persona más humana, a la que el dolor ajeno le importaba.

***

Lo primero que pensó fue en que todo era una patraña fruto de sus niñerías e inmadurez y aceptó dar un tiempo prudencial a la relación. Porque estaba convencido que a la vuelta de la esquina ella estaría buscándolo como una posesa, porque era incapaz de vivir sin él. Se creía la máquina que impulsaba su cuerpo para echarlo andar.

Fernando partió a España para terminar su preparación académica, convencido de que Dulce María reflexionara y olvidara toda aquella dramatización de mujer empoderada que le había vendido. Porque según él, el traje le quedaba bastante grande.

Una oportunidad

Dulce María y Heberto decidieron vivir su aventura y apostar por darle una oportunidad al sentimiento que en ellos nacía. Aprendieron a respetarse como personas y a valorarse como pareja, ella admirando su valentía y ayudándolo a camuflar sus reuniones políticas como fiestas estudiantiles. A pesar de esto, algunas noches él se mostraba confuso y no podía conciliar el sueño, ya que en su soledad se cuestionaba cómo sería la vida al lado de la hija de un alto cargo militar del régimen. Él se había declarado abiertamente opositor y le había advertido de las comprometidas y arriesgadas situaciones por las que tendría que pasar a su lado.

Aquella confusión le trastornaba por momentos y le impulsaba a alejarse de ella para no arrastrarla a vivir junto a él un futuro incierto. Pero Dulce María ya no era la niña que palmoteaba las decisiones de sus padres, y comenzó a demandar su libertad y derecho a opinar como una persona adulta. Cansada de tantas prohibiciones, se reveló ante sus padres para defender su derecho a estar con quien ella quisiera, proclamándose dueña y señora de su vida y de sus actuaciones.

Dulce María, al fin comenzó a ver el mundo del que tanto hablaba Heberto. Se reprochó por lo fácil que siempre había sido su vida, sin responsabilidades ni preocupaciones, ya que nunca le importó ver cómo se desmoronaba el mundo a su alrededor. Pero algo en ella había cambiado y nacían bondades en su corazón que no existían antes. Entendía el horror al que estaban sometidos los ciudadanos de su país, y cambió por completo su percepción ante la vida y actuó en consecuencia, apostando por acciones más justas y humanas.

Tenía la esperanza de algún día ser miembro activo en la desierta y devastada economía del país, y creó grupos de mujeres que no tenían miedo a salir y acompañar a los hombres a protestar por la igualdad y sus derechos.

De su relación con Heberto surgió una estrecha complicidad para desarrollar los diferentes proyectos humanitarios llevados a cabo por él, siempre respaldado por su compañera y amiga con el fin de cambiar las injusticias.

Pasaban horas en lugares alejados de la ciudad estudiando minuciosamente la Constitución, en busca de túneles que los llevaran por el camino menos escabroso para defender los derechos civiles y políticos en los que se basaba la legislación, creada para que los ciudadanos no pudieran defenderse. Pero era complicado ganarle el pulso a una legislación establecida para beneficiar solo a los corruptos, que incurrían en las peores canalladas sin respetar los derechos de un pueblo que estaba harto de prohibiciones de libertad, donde ni siquiera se podía criticar constructivamente las acciones del régimen, mucho menos hablar de la figura del comandante, amparándose en las mismas restricciones que habían impuesto países del primer mundo para proteger de críticas periodísticas a sus relevantes personajes.

Heberto contaba con miles de jóvenes perfectamente organizados que estaban decididos a rebelarse en contra del régimen,

El grupo estaba inteligentemente estructurado para luchar por su libertad, haciéndose notar lo menos posible para no ser dilapidados. Peldaño a peldaño, con la esperanza de llegar a coronar cada una de sus batallas…, lo consiguieron. Se reunían en pequeños grupos.

***

Una de las acciones más trascendentales que puso en marcha Heberto por la libertad, después de estudiar a fondo la Constitución junto a su novia, consistía en recabar más de quinientas mil firmas para llevarlas al Parlamento con la intención de proponer un proyecto de ley en beneficio del pueblo, que utilizaron como vía de escape. Aquel rayito de esperanza había contribuido a levantar los ánimos de muchos que desanimados no veían progresos en su esfuerzo, después de más de tres años de trabajo en favor de las libertades.

Entonces se agruparon por zonas estratégicas en todo el país para captar a ciudadanos dispuestos a colaborar con la propuesta de ley, convenciéndolos de la importancia del proyecto que les daría más autonomía para decidir su futuro, si lograban su aceptación.

Esperanzados, creyeron que juntos convertirían su voz en una única llamada de libertad, y lograrían el país de libertades que soñaban; libertad de expresión, de cultos religiosos y juicios justos para los presos.

Cada semana los líderes del grupo se reunían para aportar las documentaciones pertinentes y las firmas recabadas. Comentaban y discutían los avances del plan y su ejecución… plan que cada día se complicaba más. Tenían que emplear argumentos laberínticos para ganarse la confianza de los ciudadanos, que desconfiaban de lo democrático del proceso.

No era un trabajo fácil para Heberto ni para resto del grupo conseguir quinientas mil firmas, pero la astucia y el liderazgo que ejercía Heberto sobre ellos, fueron la clave para convencerlos de que ejercieran su derecho a protestar por lo que creían justo y a no mirar para otro lado ante las injusticias que estaban padeciendo como nación.

***

En muchas ciudades del país, pero sobre todo en las provincias, veían el proyecto como una trampa sin salida para aquellos que firmaran. Y era justo ese miedo atroz el que los hacía rehusar de su participación, aun estando de acuerdo con la causa y la acción por temor a que el régimen sojuzgara aún más la población. Pero era un sueño hecho realidad para Heberto y su equipo: hacer valer sus derechos amparándose en la Constitución del pueblo.

Pero eran conscientes de que los ciudadanos que se arriesgaban se exponían a perderlo todo si la policía los descubría dando apoyo a los opositores del régimen.

***

La mayoría de las personas en el país vivía de una cartilla para la compra de alimentos, que solo podían canjear en almacenes o bodegas del Gobierno. Este determinaba la cantidad en función de los integrantes familiares. No es que diera para mucho, porque ni siquiera cubría las necesidades básicas de una persona al mes, pero debían arreglárselas como fuere porque era lo único con lo que contaban.

La situación económica era cada vez más complicada, y los periodos de escasez de productos básicos como los huevos, leche, harina y el gas, cada vez más largos; pero el pueblo se organizaba para salir adelante y buscar soluciones. Se reinventaban: si no había leche, utilizaban agua para el chocolate, si no había azúcar, utilizaban miel, si no había gas, utilizaban leña y en medio de la calle encendían sus fogones para que sus hijos tuvieran comida caliente.

Era un pueblo que callaba y solo escuchaba horas y horas en la televisión el alegato de los políticos culpando a otros países de todos sus males. Un régimen político que enseñaba al pueblo a odiar a los que según ellos eran los culpables de sus desgracias por el bloqueo al país, con la intención de desestabilizarlo.

***

Cientos de jóvenes sin ilusión ni aspiraciones veían la vida pasar, sentados en parques y plazas en espera de nada. Jóvenes que defendían un sistema de gobierno que les habían inculcado desde niños y que en la mayoría de los casos los hacía irresponsables y holgazanes para afrontar la realidad. Y cansados de tantas miserias huían desesperados de su país a través del mar o de una —Yuma— de la que fingían estar enamorados.

Los que lograban salir y eran acogidos en otro país llegaban perdidos y se topaban con la cruda realidad. Entonces, se daban cuenta de que nada caía del cielo y de que para vivir y lograr objetivos en la vida tenían que esforzarse y ganarlo con el sudor de su frente… Y no a través de una mísera cartilla de comida que les daba el Gobierno para mantenerlos con la boca callada y los ojos cerrados —ciegos y sordos para toda la vida—. Y eran arrastrados por una corriente maligna de caminos oscuros que debían recorrer. Sin saber que lo que a ellos les daban era solo una pequeña parte de todo lo que les quitaban.

***

Las únicas familias que lograban comer tres veces al día, eran los que recibían remesas del extranjero. Divisas que cambiaban en pesos cubanos para subsistir holgadamente; a diferencia de los que no tenían a nadie que les enviara dinero y debían bandeárselas como pudieren.

Heberto consiguió aglutinar a miles de jóvenes y ancianos que llegaban convencidos y dispuestos a colaborar, aunque dividió la población en dos. Pero estaba dispuesto a dar su vida por preservar la dignidad de su país y se propuso movilizarlos sigilosamente para que se incorporaran como voluntarios a la causa…

Peinaban calles y esquinas casa por casa, en busca de firmas que sostuvieran su proyecto de ley. En muchos hogares a los que llegaban los recibían con algarabía y regocijo; como auténticos héroes al reconocer su hazaña y valentía. El reconocimiento de su pueblo los llenaba de energías, animándolos a continuar y no cesar, a pesar de las amenazas y apresamientos que a diario se producían por las denuncias de una parte de la población que reprobaba sus acciones.

Cada vez que lograban convencer a uno de esos hombres

que un día lucharon por el cambio y la prosperidad económica de su país subían un escalón. Esos hombres que un día estuvieron dispuestos a dar la vida por defender a su líder, y hoy desgraciadamente estaban convertidos en desechos humanos y abandonados a su suerte. Muchos de ellos eran rescatados de la miseria por sus hijos, que desde fronteras lejanas luchaban por un porvenir para ellos y por los familiares que habían dejado atrás. Los que no tenían a nadie en el extranjero tenían que mendigar de un lugar a otro en las grandes ciudades pidiendo limosnas a turistas. Avergonzados de sí mismos, después de haberlo dado todo por su país.

Con Heberto volvían a creer en un cambio de rumbo en sus vidas, y se inyectaban dosis de patriotismo para defender con alevosía su derecho a vivir en un país libre y democrático. Aplaudían su valentía y salían de su casa para abrazarlos y darles las gracias por jugarse el cuello en busca de las ansiadas firmas.

A pesar de que el régimen tenía la población civil controlada por los comités de chivatos vecinales y policías, no lograron coartar el movimiento. Se convirtió en una misión de éxito al conseguir que el pueblo respondiera a su llamado.

LILIAN NUÑEZ

Engañados por traidores

Heberto poco a poco fue dándose cuenta de que tenía traidores camuflados entre los voluntarios que llegaron a sus filas jurando lealtad a la lucha, pero él no era capaz de identificarlos. Se percató, al darse cuenta de que el puzle que pieza a pieza intentaba formar no terminaba de encajar.

Las victorias que con tanta algarabía habían celebrado durante meses se hacían añicos por que el régimen se adelantó y derogó por decreto el párrafo constitucional que les permitía como ciudadanos presentar propuesta de ley, si estaban acompañadas por más de quinientas mil firmas legalmente identificadas.

Cabizbajo y totalmente abatido al enterarse de la jugada, Heberto informó de su derrota al resto de líderes que durante meses lo habían acompañado en busca de las ansiadas firmas. Los que con lágrimas visibles se lamentaban de que tantos esfuerzos no hubieran servido para nada.

Heberto, sin saber cómo continuar, buscaba en la hermandad del grupo consuelo, pero el desánimo a todos los abducía, y a través de sus rostros expresaban su derrota.

***

Heberto caminó desorientado por las calles de La Habana a altas horas de la madrugada; con la sensación de haberles fallado a su equipo. Avanzaba repleto de pensamientos desagradables que oprimían su corazón, al sentirse culpable de arrastrar a tantas personas al infierno de una prisión, en el mejor de los casos. Después de una hora caminando en solitario y sin saber dónde se encontraba, llegó hasta el centro de La Habana vieja; sin embargo, muchos de sus aliados se atrincheraron en sus casas al conocer la noticia. Se lamentaban de haber trabajado durante meses en vano.

Cada uno de los integrantes del movimiento, antes de comenzar con la actividad fueron conscientes del riesgo que corrían si eran descubiertos, y por voluntad propia decidieron unirse y afrontarlo junto al equipo. Sin embargo, de repente todo cambió y su líder recomendaba a todos los que aún no estuvieran fichados por la policía que abandonaran la lucha. Fueron momentos difíciles para muchos, pero de inmediato actuaron en consecuencia.

Volvieron al anonimato y a asumir un papel sumiso y de espera como antes… Sin ver, ni oír lo que ocurría a su alrededor. Diluyendo su vida día a día en espera de un milagro. Desconsolados, muchos de ellos se lamentaban en el interior de su hogar.

Heberto continuaba en trance sin rumbo por las calles del centro, tal era su grado de desesperación, que era capaz de pisar brasas y no sentir el calor en su cuerpo. Mentalmente poseído, mientras caminaba por la ciudad, se tropezó en su camino con las flores nocturnas que patrullaban las calles de La Habana vieja en busca de turistas. Al ver su estado, se acercaron dos de ellas a interesarse por él. Su intención no era ofrecerle sus servicios, sino ayuda, al darse cuenta de que ese hombre lo necesitaba. Cuando ellas intentaron tocarlo, él ni las miró y continuó a pasos agigantados apartándola de su camino.

Después de horas deambulando por las calles, llegó como muerto en vida a la Floridita, un bar nocturno repleto de clientes que a ritmos de son disfrutaban de las compañías de las flores que los ayudaban a liberar sus frustraciones. Entró al bar y con voz temblorosa se acercó a uno de los camareros para solicitarle una mesa donde sentarse. El mesero se percató de su lamentable estado emocional y lo ayudó a ubicarse.

Con la mirada perdida se sentó cerca del baño en el lugar donde le habían indicado. Todas las personas que pasaban al baño lo miraban con pena, al ver en su rostro cada una de sus frustraciones… Y con la cabeza apoyada en la mesa estuvo durante un tiempo hasta que vino el camarero.

El lugar estaba concurrido y todos disfrutaban de la música. Pasado un cuarto de hora se acercó uno de los camareros, inquieto por preguntarle qué le pasaba, pero al ver el estado de depresión en el que se encontraba, prefirió traerle directamente un trago. Lo veía tan abatido y desilusionado con la vida que pensó que solo la pérdida de un gran amor podría tenerlo en esas condiciones: Y sonriente, le dijo:

—¡Amigo, no se preocupe!, mujeres hay aquí por montones. ¡Mire a su alrededor! póngale otra cara a la vida… que se nos va en un segundo.

Él, al escuchar su sarcástico comentario, reaccionó y levantó la cabeza de la mesa. Lo miró a los ojos y vio el mismo regocijo que veía en muchos jóvenes del país, que solo vivían el presente sin importarles lo más mínimo su futuro. Personas conformistas con el día a día, que preferían no pensar en el mañana y disfrutaban cada amanecer como si fuera el último, ayudados por el maldito alcohol que evadía su realidad.

Ese maldito alcohol que fácilmente llegaba a las manos de todos y se convertía en el arma más destructiva utilizada por el Gobierno en contra de su pueblo. Una manera sencilla y barata de tener a la población distraída, abstraída y controlada.

El mesero le convenció de que el trago de ron aliviaría sus penas; él no estaba acostumbrado a las bebidas alcohólicas, pero consideró que eran la mejor receta en esos momentos para inhibir los pensamientos que lo torturaban… de la misma manera que lo hacía el pueblo.

Las flores nocturnas lo invitaron a salir del rincón y a bailar en medio de la pista y lo consiguieron después de unos cuantos tragos. Se agarró fuerte a la cintura de una de ellas, sin ser consciente de sus actos. Al menos por unas horas logró olvidar las pesadumbres con las que había llegado.

Salió de la Floridita semiinconsciente y caminó varias cuadras intentando volver a casa, pero su estado de embriaguez era tan lamentable que era incapaz de orientarse, así que terminó durmiendo en un parque cerca de la Floridita, donde estuvo dando vueltas a la redonda en busca del camino correcto.

***

Al alba abrió los ojos, extrañado del lugar donde se encontraba, no recordaba nada de lo que había hecho, solo lo mohíno que había llegado a la Floridita, después de enterarse que habían boicoteado su propuesta de ley.

Cuando al fin llegó a su casa, exhausto y abatido, se dio un baño de agua fría y en cada jarro de agua que echaba sobre su cuerpo, una fotografía relámpago pasaba sobre su subconsciente para refrescar sus recuerdos, obligándole a no olvidar.

Después del baño, ya liberado de tanto alcohol se tiró en la cama desnudo, mirando al techo. En sus pensamientos estaba Dulce María, a la que echaba de menos y cuya compañía extrañaba en tan duros momentos. Con ella en el pensamiento se quedó profundamente dormido varias horas, vencido por el cansancio físico y emocional.

Al mediodía, Dulce María llegó en su búsqueda. La puerta estaba entreabierta y logró ver su cuerpo desnudo y abatido tirado en la cama. Se acercó a él despacio, sin hacer ruido y sintió una inmensa aflicción al verlo. Él se había convertido en un sentimiento verdadero, alojado en lo profundo de su alma desde el día en que lo había conocido. Y mientras él descansaba plácidamente, ella contemplaba el brillo de su piel sobre su robusto cuerpo de espaldas anchas.

Lo observó en absoluto silencio, acarició su cuerpo despacio evitando alterar su despertar. Su piel olía a canela en rama por todos sus rincones y con las yemas de los dedos rozó suavemente su espalda. Se quitó los zapatos y desnudó su cuerpo para cobijarse junto a él, colocándose en posición cuchara. Él fue despertando poco a poco al sentir su aroma, mientras ella rodeaba con sus brazos su cuerpo.

Adormilado, pero dejándose querer, agradeció sus caricias tan valiosas en esos momentos de desesperación. Y, sin palabras, solo rozando sus cuerpos en absoluto silencio, surgió el placer que los condujo al más puro de los deseos carnales. Largas horas de pasión que aprovecharon para calmar su sed.

LUCIÉRNAGAS EN EL MAR CARIBE

***

Cuando apaciguaron sus llamas, Dulce María se levantó de la cama y se movió desnuda de un lado al otro de la habitación pronunciando dos palabras. Su ansiedad era perceptible y su actuación notoria. Él la escuchaba con tristezas y entendía su actitud, por la zozobra que le producían los últimos acontecimientos. Entonces, ella con el rostro sonrosado y firmeza, le suplicó que se fuera: Te has expuesto demasiado.

— ¡Vete, vete ahora mismo lejos de aquí!... ¡Lejos de estos malditos!; porque te apresarán.

Entre lágrimas insistió:

—Hay un complot en tu contra y otras diez personas más. Y a todos los tienen ubicados en estos momentos. Escuché hablar por teléfono a mi padre, cuando decía a otra persona que tenían a ocho miembros del grupo incomunicados y que solo faltaban tres por acorralar. Entonces, pensé que uno de los que faltaba podría ser tú.

»Vete, ahora mismo lejos de aquí... porque ya te has expuesto demasiado. ¡Sí, lejos de estos malditos!

»Conozco su plan y es quitarte del medio a cualquier precio. Las publicaciones han hecho mella en las jerarquías más altas, al desafiar a los más temidos seguidores del régimen. Lo que no logro entender son las razones por las que aún estás libre, cuando sé de buena fuente que saben tus movimientos. Es como algo o alguien estuviera entorpeciendo la operación.

»¡Lárgate a la otra punta del país, si quieres salvar tu vida! Ve donde no te encuentren. A la tierra de dónde vienes; ahí te protegerán los tuyos. Si te cogen, te torturarán sin piedad.

La joven se acercó para acariciar su rostro y, mirándole a los ojos le dijo entre lágrimas:

—Cuando la tormenta pase… yo te buscaré. Te seguiré a donde vayas. Juro que te buscaré en el fin del mundo si fuera necesario.

Heberto no deseaba seguir escuchando su tozudez e hizo caso omiso a sus recomendaciones, convencido y preparado para afrontar las consecuencias de sus actos.

—¡Ahora no voy a esconderme! —dijo—, estoy dispuesto a dar la cara.

Sin que le quedaran recursos para convencerlo, Dulce María abandonó su casa, después de asegurarse de que nadie la perseguía. Antes de hacerlo se vistió con ropa distinta a la que había llevado al entrar y se colocó en la cabeza una peluca rubia.

Caminó deprisa hasta el callejón donde había aparcado su auto para no ser descubierta. Nerviosa, abrió la puerta y lo puso en marcha de inmediato; después de comprobar que nadie la perseguía, se quitó el disfraz y lo puso en la parte baja de los asientos. Ella había robado a su padre un rastreador de personas, que la ayudaba a escabullirse de los guardaespaldas y sobre todo a despistarlos.

La tortura

La madrugada siguiente, Heberto fue interceptado en su casa por los militares del régimen. Penetraron en su casa con agresividad, derribando la puerta de una patada; aún se encontraba tumbado en la cama cuando lo sorprendieron y, a palos y bruscos empujones, lo tiraron al suelo. Los vecinos escucharon el ruido de la puerta, pero nadie se atrevió a acercarse y permanecieron encerrados en sus casas.

Descalzo y sin apenas ropa, lo arrastraron entre dos personas por las escaleras hasta abajo. Él no opuso resistencia, solo se dejaba llevar. Su piel en carne viva se quebraba, entre los clavos y astillas de los escalones, dejando su sangre e impotencia impregnadas en cada uno de ellos. Apenas sentía dolor, su fuerza interior era más fuerte que el dolor físico que sentía. Y cuando lo incorporaron, caminó junto a sus torturadores con los brazos esposados hacia atrás.

Mientras caminaba los miraba entristecido y les decía:

—Por qué me hacen esto, solo quiero lo mejor para mi país... Para que se acabe el sufrimiento de tantas familias, que sufren al ver sus hijos padecer la más ruin de las miserias.

Ellos le gritaron:

—Cállate. —Y a continuación echaron vinagre en sus

ojos.

Pero él no calló y les repetía:

—Mi único delito ha sido luchar por la libertad de todos. Incluyendo la de ustedes y sus familias.

Lo introdujeron en la parte de atrás de la camioneta que tenían estacionada frente al edificio con los cristales tintados. Antes de ponerla en marcha vendaron sus ojos con cinta adherente. Uno de los agentes se montó delante para conducir y el otro cuidaba de sus movimientos en la parte de atrás, por si se rebelaba en contra de ellos.

Partieron rumbo a un destino desconocido para Heberto. Adentrándose en un camino lleno de baches y gravillas que levantaba una fuerte polvareda en el interior del vehículo.

Desde que la camioneta se puso en marcha, Heberto calculó, todos los cruces de derechas a izquierdas hasta llegar a su destino final, intentando adivinar hacia dónde se dirigían, pero estaba desorientado y no reconocía los alrededores de la ciudad, ni la ciudad en sí, a pesar del tiempo que llevaba viviendo en ella.

***

Estacionaron en un descampado que parecía un campo de béisbol. Allí era adonde llevaban a los desobedientes al régimen para ser ajusticiados. Lo bajaron del vehículo como había llegado: con los ojos vendados para que no pudiese identificar el lugar ni a sus torturadores. Y a empujones, mientras andaba, le pegaban con un knut de siete colas, proporcionado por los rusos. Este servía para azotar a delincuentes y opositores del régimen.

Cuando le quitaron la venda de los ojos se dio cuenta de

que estaba en manos de otras personas y no de los que lo habían sacado de la casa y llevado hasta allá.

Tenían voz desagradable y se burlaban de él, diciéndole que se echarían unos bailes juntos. Esos hombres parecían toxicómanos en vez de militares. Consumían cocaína y quemaban heroína que echaban en su nariz, al negarse él a consumirlas.

En medio del descampado y aún con las manos esposadas lo amarraron a un árbol, con una potente soga. Le quitaron la ropa y con el cuerpo desnudo lo azotaron con el knut de cuero, mientras, le penetraban una y otra vez como bestia salvaje sin domar. Marcaron su piel hasta hacerlo sangrar.

En tan difíciles momentos, Heberto cerró los ojos para pensar en la maravillosa vida que había tenido y en lo feliz que había sido cuando recorría los prados del pueblo donde nació, detrás de caballitos de colores que volaban en libertad a su alrededor. Recordaba sus praderas de coloridas flores silvestres y el olor a tierra mojada. Sus campos y valles repletos de mariposas tricolor lo transportaban al lugar más hermoso, donde se habían forjado sus más bellos recuerdos.

A pesar del dolor producido por la investida sin piedad y con todo su cuerpo ensangrentado por la paliza que le propiciaban, no hubo de su parte un llanto de piedad o clemencia.

Lo dejaron amarrado con las manos hacia atrás durante horas, con el cuello hacia abajo; mirando al suelo. Y cuando volvieron a por él, lo encontraron como lo habían dejado y pensaron que estaba muerto.

Lo introdujeron de nuevo en la camioneta para llevarlo a una cárcel, bastante lejos de la ciudad de La Habana, donde estaban presos otros disidentes.

Después de largas horas de carretera llegaron al lugar indicado para encerrarlo. Lo sacaron de la camioneta a rastras para introducirlo en la celda. Todo estaba muy oscuro. A pesar de la tenebrosidad del lugar, reconoció la cara de unos cuantos amigos que yacían de dolor en el suelo.

***

Se fortaleció al darse cuenta de que no estaba solo, que lo acompañaban integrantes del grupo. Los que día tras día habían salido junto a él a protestar y exigir sus derechos. Una luz de esperanza lo invadió al escucharlos hablar. Volvían a estar juntos, para librar otra batalla más, aunque en ella perdieran la vida.

Había júbilo en su alma al comprobar que sus compañeros solo estaban dañados por la paliza que habían recibido. Al fin, conocía su paradero, después de muchas semanas de incertidumbre en la que los había creído muertos.

Muchos de los encerrados apenas podían recordar su propio nombre. Heberto vociferaba para animarlos a que gritaran sus nombres enérgicamente con agallas y honor, mientras él los animaba haciendo lo propio:

—Yo soy Heberto..., hijo de mi pueblo y lucho por defender mi honor y el derecho a una vida digna.

Eran pocos a los que les quedaban fuerzas para vociferar su nombre. Y por la oscuridad del módulo, Heberto no era capaz de distinguirlos a todos. Deliraban de impotencia al no poder chillar sus nombres, por la disnea causada por los golpes recibidos. Abatidos por las lesiones, muchos se dejaban morir.

LUCIÉRNAGAS EN EL MAR CARIBE

Heberto golpeaba la cabeza contra la pared una y otra vez, hasta hacer sangrar su frente, sin sentir dolor alguno, porque la congoja en su alma era más fuerte que el dolor físico que pudiera sentir. Entonces, desesperado pronunciaba los nombres de todos sus compañeros, sin saber con exactitud los que se encontraban detenidos junto a él. Los obligaba a hablar para reconocerlos a través de la voz.

Por momentos se sentía perdido, la carga emocional distorsionaba su realidad, vislumbrando su salida como un héroe de aquel infierno. Y a la vez no dejaba de animar a sus amigos para que no se dejaran subyugar. Pero los menos optimistas creían poco o nada en las esperanzas de las que le hablaba su amigo Heberto. Después de llevar muchos días encerrados en la mazmorra, sin comida ni agua, acompañados solo por asquerosas ratas que caminaban sobre sus pies.

Continuaban todos incomunicados, sin que nadie los asistiera o les trajera información de fuera. Cuando Heberto veía algún rayito de luz penetrando sobre su celda, volvía a pronunciar uno a uno sus nombres, con la esperanza de volver a escucharlos, porque eso significaba que aún permanecían con vida.

***

A través de cámaras de infrarrojos instaladas en el recinto, los militares se dieron cuenta de cómo los presos que estaban medio muertos semanas atrás, respondían al llamado de Heberto, que estaba ejerciendo sobre ellos un importante rol. Entonces, decidieron separarlos ante el temor de que armaran revueltas.
Los separaros según la condición de salud física y mental en la

que se encontraban. Y llevaron a Heberto a una celda más lejana, al sur del módulo, por instigador y cabecilla del grupo. Así le hacían la comunicación con el resto más difícil. Lo metieron en una minúscula celda, sin ningún tipo de ranuras para que no pasara ni un rayito de luz natural y provocar en él un desequilibrio mental. Otras veces encendían un foco día y noche acompañado de un silbido penetrante, peor que el que hacía el ventilador que tenía en su buhardilla y utilizaba en sus noches de calor sofocantes.

***

Cuando todos en el módulo dormían, los policías que custodiaban las celdas entraban a examinar el deterioro físico de cada uno de los presos. Al menos, eso creía Heberto cuando los veía entrar. Pero no comprendía por qué lo hacían en horas intempestivas. Y se mantuvo en velas muchas noches, cuando se acercaban a su celda, él se hacía el muerto e intentaba agudizar sus oídos, así se mantuvo varias noches estudiando sus movimientos y descubrió una realidad muy distinta de lo que en un principio pensó: no iban para dispensar agua o suero que les ayudara a mantenerse fuertes, y así evitar un escándalo en el mundo por sus muertes, sino a inyectar veneno en sus venas.

Heberto, se dio cuenta de su engaño por la cantidad de jeringas que llevaban metidas en bolsas. Cuando Heberto escuchó el sonido de los barrotes al cerrar la puerta, de inmediato se levantó como pudo y comenzó a nombrar con cautela a todos sus amigos para evitar alboroto. Aunque cada vez iba elevando un poco más el tono de su voz, para que llegara hasta el más lejano…, pero nadie le respondía.

LUCIÉRNAGAS EN EL MAR CARIBE

***

Continuó insistiendo hasta que fueron despertando de aquel soñoliento sueño en el que estaban inmerso. Aún adormilados, comenzaron a reconocer su voz e iban contestando a su llamado, mientras, él les rogaba que se mantuvieran despiertos. Así los animaba a vivir y a seguir luchando por sus ideales y les advertía de que la muerte no era una solución.

***

—Luchad, luchad —les chillaba—. No nos amedrentarán porque no tenemos miedo. Este infierno no será eterno. ¡Levántense, compañeros!

»Resistiremos —desesperado les decía.

A Heberto lo mantenían con las manos esposadas, solo se las quitaban durante dos horas al día.

—Clemencia, clemencia —continuaba diciendo—. ¡No somos asesinos!; somos ciudadanos de este país, y necesitamos al menos agua para no morir de sed.

—¡Agua, agua! —gritaban unánimes.

Entonces, se acercó uno de los agentes de seguridad con una manguera para introducir agua a través de las rejas sin abrir la celda. Y así pudieron beber y calmar su sed, después de días sin mojar sus labios. Todos abrían las manos y bocas pegados a las rejas, intentando mojar sus labios y acaparar agua en su ropa y en todo lo que podían para retenerla.

Dieron gracias a Dios porque sus peticiones habían sido

concedidas. Y entonces, Heberto eufórico los animaba:

—¡Hemos vencidos otra batalla, compañeros! Ya hemos mitigado la sed.

Las numerosas infecciones contraídas en las celdas debido a tanta insalubridad afectaban a muchos de ellos; además, sus cuerpos estaban desnutridos. Habían perdido mucho peso y no tenían las defensas necesarias para combatir a los patógenos.

Heberto continuaba pronunciando los nombres de todos días tras días, muchos desgarraban sus gargantas intentando decir presente. Los que iban despertando repetían estrepitosamente su nombre. Así lo hizo Heberto durante un mes, para saber los que continuaban con vida.

***

Antes de comenzar con el movimiento, todos habían sido conscientes del riesgo que corrían y cada uno había estado dispuesto a afrontar y pagar con su vida las consecuencias de sus actos, si con ello liberaba del sometimiento al que estaba sometido su pueblo. Sellaron su pacto con un juramento de sangre. Y con las manos unidas repetían:

—Pase lo que pase, seguiremos luchando por nuestra patria y ofreciendo nuestra cabeza a cambio de la liberación de nuestro pueblo.

—Luchamos por una sociedad libre de populismos.

Y recordaron el juramento que habían hecho meses atrás, cuando juntos decían:

—Unidos no nos vencerán: por nuestro pueblo, nuestro futuro y nuestra familia… hasta la muerte.

LUCIÉRNAGAS EN EL MAR CARIBE

Todos lo decían con las manos en alto.

***

Entre luces y sombras sobrellevaron los días, al ver como algunos compañeros se dejaban morir al no aguantar el infierno de la prisión y otros debido a las inyecciones que habían introducido en sus cuerpos, haciéndoles creer que eran calmantes para el dolor, pero que empeoraban su estado de salud. Pero, aun así, continuaban luchando por sobrevivir, aunque desgraciadamente muchos perdieron la batalla.

Desde su celda Heberto veía como los militares los manipulaban y se enfrentaba a ellos. Pero los guardias permanecían callados a las provocaciones y solo contestaron a lo que les convenía. Hablaron en voz alta para que todos escucharan:

—Lo que estamos haciendo es un acto de humanidad, para mejorar la salud de los desvalidos, para que puedan mantenerse lúcidos ante la llegada inminente de su juicio.

Sin embargo, Heberto se daba cuenta de cómo empeoraba la salud de ellos, cada vez que les inyectaban algo con la excusa de mejorar su salud.

Los que estaban en peor estado deliraban todo el día. Heberto y sus amigos creyeron que eran fruto de los palos que habían recibido en la cabeza al llegar, hasta que descubrieron las verdaderas razones. Su estado era tan lamentable que comían sus propias heces.

El revuelo que causó la muerte de muchos de los presos permitió que los familiares llevaran el caso a la opinión pública y se extendiera como la pólvora en todo el país y en muchos países del mundo. En estos lugares se hacían eco de cómo se vulneraban los derechos de los ciudadanos, y gracias a las madres consiguieron agilizar un juicio común para los disidentes.

Los agentes de seguridad que los vigilaban a diario solo entraban en las celdas para dejarles la comida y otras veces para burlarse a carcajadas de la situación en la que se encontraban y decían:

—¡Y ahora qué tan valientes son estos guerreros! Llamad a los cucuruchos de nieve que están en el norte; a ver si aparecen para salvarlos. Se acabó la tragicomedia, ustedes solo son simples ratas moribundas de las que, en unos años, nadie se acordará, ni de las estupideces que hicieron para intentar romper la convivencia ciudadana.

Los guardias se reían a carcajadas al hablar del juicio exprés que tendrían, que solo valdría para acallar la opinión pública. Era un juicio del que todos desconfiaban, pues tenían la certeza que estaría repleto de irregularidades, al estar en manos de políticos corruptos y sin escrúpulos, predispuestos a condenarlos como conspiradores del régimen por socavar los principios éticos y morales de la revolución —según su criterio—.

Heberto y su grupo estaban convencidos de que en el mejor de los casos serían condenados a treinta años de prisión y que solo algún milagro los conduciría a un juicio justo, que estuviera vigilado por ojeadores internacionales que obligase a que se respetasen todos sus derechos.

Había momentos difíciles para Heberto a pesar de su entereza, y se veía envuelto en una cargante taquicardia que se apoderaba de todo su cuerpo y cortaba su respiración; aunque él se defendía intentando ganarle la batalla a las tensiones, para mitigar sus angustias y reorganizar sus pensamientos. Entonces, recordaba las palabras de aliento de Dulce María, cuando le rogaba que huyera a algún lugar donde no pudieran alcanzarlo.

Habían pasado ya unos largos meses y aún los tenían incomunicados de sus familiares y amigos. Sin noticias del exterior. El desconcierto se apoderó de Heberto, por la desazón que les habría producido a sus padres no recibir noticias suyas durante tanto tiempo. Pero tuvo la suerte de conocer a algunos familiares de enfermos a los que en contadas ocasiones les permitían visitas en su celda, cuando los creían agonizantes. Heberto no perdía la ocasión para decir en alto su nombre y apellido y el de sus compañeros, cuando alguna persona pasaba frente a su celda. Lo que pretendía Heberto era que las personas que venían de la calle supieran los nombres de los que estaban detenidos en contra de su voluntad, solo por defender sus derechos.

Decenas de padres llegaban desesperados y rotos de pena en busca de sus hijos, sin saber a qué debían de enfrentarse, con la esperanza de encontrarlos vivos y no con la noticia de su deceso.

—Ha fallecido de muerte natural —era todo lo que les decían. Sin explicaciones.

En Heberto persistía la certidumbre de que su madre descubriera la verdad y llegara hasta él, como la guerrera que siempre había sido. Él tenía claro que ella lo encontraría hasta en el último rincón de la tierra adonde le metieran.

Solía escribirle a su madre una carta semanal o quincenal, y cuando ella no la recibiera comenzaría a sospechar que algún motivo de fuerza mayor lo habría impedido, acción que la llevaría a presentir que algo grave pasaba.

Él solía contarle todos los pormenores de su vida en La

Habana, la hacía partícipe de sus logros y fracasos en la facultad y sobre todo de sus avances en los proyectos sociales en los que estaba involucrado.

***

Su madre, perpleja con la situación al no saber nada de su hijo, no quería esperar más y decidió ir en busca de la verdad y averiguar las razones por las cuales su hijo no se comunicaba con ella. Y esa misma tarde, no esperó a que su marido regresara de su jornada en el campo y fue ella hasta él para hablarle sobre sus temores y sobre la decisión que había tomado de ir de inmediato a La Habana a reencontrarse con su hijo.

Abrazada a su marido le dijo:

—Tengo un mal presentimiento, mi hijo está en peligro.

A su marido al notarla tan preocupada y convencida de su decisión, solo le quedó decir:

—Entonces iremos juntos en busca de nuestro hijo.

La búsqueda

Al día siguiente, sin excusas ni tiempo que perder, prepararon un pequeño bolso y partieron al alba rumbo a la capital en busca de su hijo. Tres largas horas de carreteras infernales no era impedimento suficiente para que rehusaran ir en busca de su hijo e indagar sobre su paradero.

La madre de Heberto enfrentó sus miedos con la serenidad y el estoicismo que la caracterizaba, mientras le decía a su esposo:
—Continúa dentro de mí el presentimiento de que está sucediendo algo grave con mi hijo. Prepárate para enfrentarnos a lo peor.

Su premonición no la dejaba cerrar los ojos en el bus. No había palabras de aliento para tal perturbación y su marido la abrazó en señal de apoyo y dijo:
—Juntos lo encontraremos.

Por su parte, Dulce María imaginaba lo peor al no saber nada de Heberto desde su último encuentro. Continuaba sin conocer su paradero y hacía grandes esfuerzos por escuchar todas las conversaciones de su padre en su intento de conocer la verdad, pero su padre ya estaba advertido y era extremadamente cuidadoso con sus conversaciones y visitas recibidas en la casa. Él la había descubierto espiando sus conversaciones y buscando entre sus documentos.

Ella, en su desesperación, cuando su padre llegó a la casa se dirigió a él decidida a exigirle que le dijera la verdad sobre el paradero de Heberto. Le rogó de rodillas y agarrando sus manos, le imploraba que le dijera si estaba en alguna cárcel del país o tres metros bajo tierra. Le suplicó que acabara con su angustia, porque si no también a ella la llevaría a la tumba.

Su padre, con el rostro marchito miró sus ojos y le juró que no sabía nada del asunto, negando todas las acusaciones que ella le hacía. En su intento por calmar la ansiedad y mitigar los sufrimientos que denotaba el rostro de su amada hija, él le aseguró que si le llegaba alguna noticia, sería la primera en saberlo. Sin embargo, con rotundidad le rogó que no se metiera más en problemas y dejara de cometer locuras que terminarían afectando a la familia.

Entonces, nacía en ella una necesidad imperiosa de encontrar la manera de hacerle saber a los padres de Heberto, que su hijo había desaparecido. Intentó llegar a ellos a través de los amigos de Heberto, los cuales tampoco sabía de su paradero hacía tanto tiempo. Todos los compañeros del periódico, incluyendo a Joshua, nunca más volvieron a la universidad. Pedía a Dios que Heberto hubiera sopesado sus súplicas y recomendaciones y gracias a ello estuviera a salvo en su pueblo, reintegrándose de nuevo a su vida, lejos de todo el poder político de la capital.

Recordaba a cada instante el juramento que le había hecho, cuando le prometió que lo buscaría en el fin del mundo y estaba dispuesta a cumplir su promesa.

***

En la estación de autobuses cientos de personas se movían

de un lado a otro en espera de los que llegaban de las provincias cargados de víveres, que después vendían clandestinamente a los residentes de la ciudad. Muchos de ellos hacían vida en la estación de autobuses y trenes a la espera de conseguir comida a cambio de ayuda. Una especie de trueque que utilizaban para subsistir.

Las personas que traían mercancías para vender se arriesgaban a que los descubrieran y fueran acusados de vendedores ilegales, y que decomisasen su mercancía, además de ser deportados a su provincia por no tener permiso de residencia en La Habana. Algunos de ellos ya habían estado presos por este motivo, pero volvían a la capital para hacer sus negocios porque era su única fuente de ingreso. Los guardias y chivatos de la estación en ocasiones se hacían los desentendidos y miraban para otro lado, a cambio de víveres o de unos cuantos pesos.

Los padres de Heberto estaban un poco abrumados por las horas de carretera y el revuelo de personas que transitaban por allí. El cansancio de tantas horas de bus sin moverse hizo mella en las piernas de Caridad, que comenzaron a retener una cantidad de líquido. Se sentía tan extenuada que hasta se le dificultaba andar.

Todo era distinto al paraíso con olor a naturaleza de donde ellos procedían y entre tantas emociones juntas, el no saber el paradero de su hijo y desconocer a qué se enfrentaban, les hizo perder la noción del tiempo.

Caminaban por las calles intentando orientarse cuando se cruzaron con un muchacho llamado Milton, que iba cargado de pan y botellas llenas de aceites en una carretilla. Se ganaba la vida comprando en las bodegas y supermercados del Gobierno para llevarlos a sus clientes. A cada uno de ellos les cobraba 58 pesos al mes y les proveía de todo lo que necesitaban, sin que se preocupasen por nada. Arrastrando su carretilla, iba parándose en todas las esquinas y tocaba un silbato al llegar. De inmediato, sus clientes al escucharlo bajaban de sus casas o tiraban una cuerda amarrada a una bolsa para que le metiera sus productos, que desde arriba subían poco a poco tirando de la soga.

Los padres de Heberto desde la acera de enfrente miraban cómo se ganaba la vida y, antes de que se marchara con su carretilla, se acercaron a él para preguntarle cómo podían llegar a la dirección que tenían apuntada en el papel. Milton con amabilidad les indicó cómo podían coger una guagua que los llevara cerca del lugar.

Era la primera vez que Caridad, madre de Heberto visitaba la capital; sufría de vértigos y ese tipo de viajes tan largos afectaba su salud. Pero ahora no importaba ella, sino su hijo y lo hacía sin quejarse. Sacó las fuerzas necesarias para llegar y recorrer cada rincón de la ciudad en busca de su hijo, a quien deseaba encontrar sano y salvo, a pesar de aquel horripilante y agónico presentimiento que no le dejaba pegar ojo, pues sentía en su piel los escalofríos que solo una madre podía interpretar.

Ella estaba orgullosa de los logros de su hijo, al que solo le faltaba un año para cumplir el sueño de su vida —graduarse de periodista en la universidad de La Habana—. En cada carta que recibía de su hijo sentía euforia en sus palabras cuando le hablaba de las acciones sociales que llevaba a cabo. Esas cartas eran el único lazo que desde hacía años les unía. Heberto no solo era su único hijo; también era su única esperanza.

Bajaron de la guagua y caminaron unos minutos en dirección a la casa; la desesperación y angustia provocada por la incertidumbre, aparte de la intensidad del sol que abrasaba su piel provocó en Caridad un fuerte mareo al andar. Se tuvo que sostener del brazo de su marido como un bastón para no caerse. Su marido, al ver sus piernas se dio cuenta que necesitaba un descanso urgente.

Él estaba más acostumbrado a esos cambios tan bruscos de temperatura, llevaba toda su vida dedicándose al trabajo duro del campo, a diferencia de su esposa, que solo se dedicaba al cuidado de la casa y de los engorrosos trámites administrativos, que para ella parecían sencillos por su formación académica. Caridad intentó quitar importancia al sofoco que sentía para no preocupar a su marido y achacó sus molestias al calor tórrido tropical al que no estaba acostumbrada. Ellos venían de un lugar más fresco, donde la naturaleza los premiaba llenando sus pulmones de oxígeno y ofreciéndoles los recursos naturales imprescindibles para vivir.

Cuando llegaron al barrio de Atares, donde vivía su hijo, se encontraron con una multitud de personas que bajo el sol ardiente esperaban una larga fila para comprar carne de pollo y huevos que escaseaban desde hacía meses.

Se detuvieron un momento para preguntarle a uno de los que hacían la fila cómo llegar a la calle Marion. Al marcharse les llamó la atención el bodeguero, que vestido con franela blanca y pantalones cortos de tela militar, colgaba entre sus rizos un bolígrafo que en ocasiones colocaba en el oído para hacer las cuentas de los clientes, mientras se refrescaba con un pequeño ventilador que avivaba el fuego del cigarro que tenía en su boca. Con mucha parsimonia atendía a los clientes que esperaban su turno entre empujones, porque el bodeguero estaba más atento al funcionamiento de su radio Vef 207 soviética, con la que escuchaba sus juegos de pelota que de sus clientes, sin importarle en absoluto que se achicharraran con el sol, mientras esperaban su turno.

Todo lo que veía a su alrededor le hacía reflexionar sobre la precaria forma de vida de los habitantes de las grandes ciudades, que de alguna manera era distinta a las de las personas que cultivaban la tierra y trabajaban el campo. Aunque ellos debían entregar la cosecha al Gobierno para abastecer a los grandes hoteles del país que eran de su propiedad, habían aprendido a sobrevivir y escapar de sus garras para que nunca les faltaran en su mesa los productos básicos para subsistir, como la carne y las verduras. Estaban abastecidos todo el año, aparte de que se habían convertido en ágiles negociantes de sus cosechas, aunque fuera a través de sobornar a militares hambrientos con los que compartían los beneficios.

Continuaron caminando hasta llegar al edificio donde vivía su hijo; a la entrada, sentados en el suelo, había un grupo de jóvenes tocando los tambores, acompañados de mujeres que bailaban al ritmo de la música con faldas muy cortas. Los padres de Heberto saludaron amablemente mientras se abrían paso; al subir se percataron de que el edificio estaba apuntalado con vigas de madera como si fuera a derrumbarse. La madre de Heberto se agarró con fuerza a su marido y con resquemor subió las escaleras hasta llegar al cuarto donde vivía su hijo.

La puerta estaba entreabierta, la empujaron lentamente y de reojo observaron el habitáculo donde vivía Heberto. Se alarmaron al comprobar cómo estaba revuelta la habitación y de las marcas de sangre seca que había en el suelo. Temblaron al encontrar vestigios de una escena desagradable, que desgarró el corazón de su madre de solo imaginarla. Y dijo a su esposo:

—Si la sangre derramada en este zulo es de nuestro hijo, es una prueba fehaciente de que lleva meses fuera de aquí.

Su madre, en *shock* y horrorizada ante el temor de no saber qué había pasado con su hijo, lloraba desconsolada en los hombros de su marido, que la sostenía por la espalda y observaba obnubilado la habitación revuelta.

El padre de Heberto sentó a su esposa en la cama y fue a tocar con sus manos la sangre que había derramada y con rotundidad como si estuviera prediciendo los días de lluvias de la temporada del campo, confirmó a su esposa que era la sangre de su hijo, y que por la textura de esta llevaba tiempo fuera de la casa.

***

Recorrieron planta por planta cada rincón del edificio sin que a la madre le importasen las dolencias de sus piernas. Fueron escaleras arriba y abajo hasta tocar en cada una de las puertas de los vecinos, para preguntar por su hijo. Muchos ni siquiera abrían la puerta y otros no querían dar razón y los despedían con comentarios sin fundamentos, sin despejar sus dudas.

No encontraron pistas que esclarecieran su paradero. Entonces, volvieron a la casa de su hijo con la misma preocupación y sin ninguna información. No había nada que los condujera hasta su hijo. Y fue entonces cuando se cruzaron con un joven que llegaba a su casa y se disponía a abrir la puerta. Los padres de Heberto corrieron en su búsqueda para preguntarle. Era un joven más o menos de la misma edad que su hijo, y creyeron que podría ser su amigo… Y, preguntaron:

—¿Disculpe joven, podría ayudarme? —dijo su madre.

Entonces, sacó de su cartera la foto de Heberto y se la mostró, él la miró detenidamente y le dijo:

—¡Ah, claro señora! Este es Heberto, el periodista. —Y

apuntaba su cara con un dedo—. ¿Son ustedes sus padres? —les preguntó.

»No lo he visto llegar por aquí desde hace un tiempo —dijo.

Otro vecino que escuchaba desde su casa abrió la puerta para sumarse a la conversación y los interrumpió:

—Buenas tardes. Señores, yo también conozco a Heberto, es un buen vecino, con grandes valores...

»Me ha extrañado no verle bajar ni subir corriendo las escaleras, mientras saludaba a todos sus vecinos, como siempre hacía. Sin embargo, a quien veo entrar de vez en cuando a la casa, es a una joven de pelo claro que sube con gafas oscuras y gorra, como escondiéndose de alguien para no ser reconocida. Algunos vecinos del edificio llegaron a creer que esa joven pertenecía a grupos de inteligencia del régimen y era enviada por el Gobierno para espiar al vecindario, debido a las acciones que llevaba a cabo Heberto.

»La señorita subía varias veces al día y pasaba horas encerrada en la habitación, bajaba por las escaleras triste y cabizbaja y desaparecía entre las calles. Nos extrañaba a todos cada vez que la veíamos subir porque nunca la vimos llegar al edificio con Heberto.

»La mayoría de los vecinos de este edificio se encierran en sus casas cuando ven llegar a alguien sospechoso o de extrañas apariencias, aunque otros como yo, nos mantenemos con el ojo bien abierto, observando desde un agujero hecho a en la puerta para espiar a los que entran y salen del edificio.

Y añadió:

—Por aquí hay muchos *ninjas* que suben a las azoteas a robar las ropas que están en los tenderetes, además de parejas calenturientas que sin permiso entran en las azoteas para dar rienda suelta a su pasión a plena luz del día, sin importarles la presencia de los niños que suben a construir carros con latas de refrescos y después corretean con ellos.

La madre de Heberto no se conformaba con tan pobre información; necesitaba más datos. Lo que no entendía era cómo ninguno de los vecinos había visto ni escuchado nada de lo que había sucedido, cuando estaba claro que algo había ocurrido en la casa de su hijo. Y sin rodeos, le dijo al señor:

—Si tanto está pendiente de lo que ocurre en este edificio, usted, ha de saber algo… y lo está escondiendo.

El señor cambió su cara y dejó de hablar. Con una disculpa escueta dio media vuelta y entró de nuevo a su casa, pero antes de cerrar la puerta dijo:

—Siento no poder ayudarlos… pero no he visto nada.

Entonces, la desesperación se apoderó de ella cuando las dos personas con las que hablaban optaron por dejarlos solos, por miedo a contestar sus preguntas. Estaba claro que no querían involucrarse en problemas con el Gobierno. Todos en el edificio eran conscientes de la ideología política de su vecino y de sus opiniones a través de revistas y periódicos clandestinos.

Los padres de Heberto subieron de nuevo a la casa a descansar, con la esperanza de que apareciera de nuevo la misteriosa joven y aportara alguna información sobre el paradero de su hijo.

***

En la casa, su padre buscaba pistas por todos los rincones, mientras su madre con añoranzas colgaba la ropa que estaba tirada en el suelo. Después se sentó un rato en la cama y sacó de su bolso una botella de agua, aguacates y pan que aprovecharon para saciar su hambre. Descansaron unas cuantas horas y antes del anochecer volvieron a bajar las escaleras en busca de algún otro vecino de los que antes no habían abierto su puerta, convencida de que esta vez le darían alguna razón más precisa de su hijo.

En su bolso metió varios aguacates y una docena de huevos para ofrecerlos a cambio de información veraz, segura de encontrar a alguien con hambre que estuviera dispuesto a hacer trueque: información a cambio de comida.

Continuó bajando escaleras y tocando las puertas en busca de alguien que quisiera hablar. Preguntaba acerca de la chica que frecuentaba la buhardilla y mostraba la foto de su hijo a todos los que abrían la puerta. Desafortunadamente, nadie se atrevía hablar, como si la tierra de repente se lo hubiese tragado. Aunque algunos listos del edificio los creyeron piezas fáciles de engañar por ser de provincias, e intentaron confundirlos con pistas falsas que no tenían nada que ver con su hijo.

Entonces, con ira Caridad le juró a su esposo que si la tierra escondía a su hijo, ella excavaría hasta la última fosa en busca de su cuerpo.

—Lo he tenido nueve meses en mis entrañas —dijo— y seré yo, y solo yo, quien le dé sagrada sepultura. Quien bese su frente para despedir su alma y su cuerpo, hasta ayudarlo a emprender su último vuelo… como solo una madre puede hacerlo.

***

Al no encontrar en el edificio la información que buscaban, subieron a dormir para cuando amaneciera salir de nuevo a la calle a preguntar por su hijo.

Fortalecidos con la idea de encontrarlo vivo, salieron al día siguiente a recorrer las calles de la ciudad. En cada esquina preguntaban a cualquier persona que se cruzara por su lado; estuvieron más de tres días recorriendo las calles de La Habana sin noticias de su hijo. Había un mutismo general y nadie quería hablar, todos decían que no lo conocían.

Entonces, consideraron la idea de ir a la comisaría a poner una denuncia por desaparición.

***

Angustiada, Caridad entró en la comisaría; el calor dentro era sofocante y encontró al guardia refrescando su cuerpo con un diminuto ventilador, tumbado en un sillón destartalado, con sus pies encima de la mesa y sus brazos hacia atrás que le servían de almohada.

Le explicó la situación al guardia y le rogó entre lágrimas que los ayudara a encontrar a su hijo. Le imploraba, intentando ablandar su corazón, mientras él la ignoraba y continuaba con su pachorra en la misma posición que cuando habían entrado. El cansancio y la desolación en el rostro de la madre de Heberto y su marido eran notorios, llevaban horas caminando por la ciudad con temperaturas muy altas y con una humedad que hacía el ambiente más pesado aún.

El policía continuaba si hacerle caso en la misma postura, como si ella estuviera hablando con una pared. Solo una fuerte tos hizo que se moviera y cambiara de posición. Después, los miró y les dijo:

—¡Siéntense por aquí! Venga mi doña, acomódese aquí y relájese. —Entonces sacó una silla para Caridad, invitándola a sentarse y después les dijo—: En un rato los atiendo.

Se metió en una oficina y ahí pasó unos veinte minutos hasta que apareció para atenderles. Esos veinte minutos para ella fueron como los meses de espera que llevaba sin saber de su hijo.

Cuando el policía volvió frente a ellos, estiraba los brazos y bostezaba constantemente. Y con voz adormilada y sonrisa burlona volvió a preguntar lo mismo.

—¿Y entonces, en qué podemos ayudarla, mi doñita?

Ella se enfureció al escucharlo y ganas no le faltaron de darle unas cuantas bofetadas, para ver si despertaba de su parsimonia, que hacía que la sangre le hirviera del coraje. Ella intentó serenarse y ser más explícita en los detalles. A pesar de su desazón, logró explicarle al guardia todo lo sucedido antes de que un fuerte estornudo lo invadiera dejando sus babas por doquier, colgando de su boca. Él sacó del bolsillo un pañuelo para limpiarse, y después les dijo:

—No podemos hacer nada hasta que no haya pasado al menos 48 horas desde que ponga la denuncia.

La madre de Heberto al escuchar su desinterés se incomodó aún más y le increpó con palabras poco apropiadas, fruto de los nervios que la escocían. Caminó enfurecida hasta la ventana a ver adónde se había metido su marido, que había salido a fumar a la calle cuando el policía se había ausentado.

Su marido al escuchar el alboroto se acercó intentando mediar para evitar males mayores, haciéndole ver que no conseguirían nada con intransigencias y le suplicó a su esposa que reaccionara y no se dejara llevar por la ira si quería que la policía los ayudara, ya que era la única vía que les quedaba para dar con el paradero de su hijo.

Su esposa recapacitó y entendió que no resolvería nada con esa actitud. Rellenó los documentos para continuar con los trámites y dejó muy claro al policía que estaba decidida a atarse de pies y manos frente a la comisaría o iniciar una huelga de hambre hasta que se condolieran de su dolor y les dijeran el paradero de su hijo; y añadió:

—Como madre tengo derecho a saber adónde tienen a mi hijo. Mi vida ya está pagada, —decía—. He vivido lo suficiente y no me importa morir a cambio de saber el entramado que hay detrás de su desaparición.

Después, salió de la comisaría cabizbaja y un poco mareada. Caminaron uno al lado de otro sujetándose mutuamente por la avenida del malecón, que estaba repleta de personas disfrutando del mar.

Continuaban con la foto de su hijo en las manos preguntando a todos los grupos de jóvenes que se cruzaban por su vera o a los que sentados en los poyetes compartían con amigos o parejas de tortolitos que dejaban volar su imaginación frente al mar.

Llevaban horas sin comer; exhaustos y sin energías buscaban un lugar donde descansar. Caridad se desvanecía y su marido tuvo que ayudarla a sentarse en uno de esos bancos que decoraban la avenida del malecón. El paseo estaba lleno de jóvenes que salían a beber sin horas y sin importarles el día de la semana. Algunos de ellos se percataron de la situación y corrieron para ayudarlos.

Pasaron un buen rato descansando y respirando el aire fresco que dejaban las olas del mar, al romper entre las rocas de la orilla.

Su esposo sacó un pañuelo de su bolsillo para secar el sudor de Caridad y la abanicaba con un pedazo de cartón que le había proporcionado uno de los jóvenes que los había ayudado. Cuando vio su mejoría la dejó sola para ir en busca de un colmado o bodega para comprar algo fresco que aligerara su sed.

Caminó unos doscientos metros adelante y encontró un vendedor de frutas que en una especie de bici de cuatro ruedas se transportaba de un lugar a otro, ofreciendo su mercancía a los viandantes de la zona.

***

Entre las frutas que llevaba tenía cocos de agua fríos, porque los tenía metidos en hielo. Paró junto a él para comprarle uno. El coquero cogió su machete y con agilidad abrió uno para él, después sacó el agua del coco y la puso en un vaso con hielo, a pesar de que estaba frío. Le preguntó si lo deseaba con un poco de azúcar. Él asintió con la cabeza, pensando que le vendría bien a su esposa para el mareo. A continuación, el coquero partió en dos el caparazón del coco y sacó su masa para ponerla en un cucurucho de cartón. Él lo cogió, agradeciendo su gesto y sacó el dinero de su bolsillo y le pagó. Pero antes de marcharse sintió una inquietud de contarle con detalles lo que él y su esposa estaban padeciendo, al no saber del paradero de su hijo. El coquero escuchó con intriga su historia y después miró la foto que el padre de Heberto sacó del bolsillo. El padre de Heberto también le dijo que no sabía a quién más preguntar…, que en su desesperación no encontraba el camino correcto por donde continuar. Insistente le preguntaba si lo había visto alguna vez caminar por esas calles.

El joven enmudeció por unos segundos, pero al ver su sufrimiento se apiadó de él. Le habló en un tono tan bajo que apenas podía escucharlo y le dijo:

—Hace unos meses o quizás alguito más, hubo una redada en la zona de las Carmelitas y Atarés; escuché que habían atrapado a un grupo de disidentes. Entre ellos había un joven muy querido de la zona…, yo conozco a su mamá. El joven estudiaba Derecho en la universidad de La Habana. De repente algo imponderable ha sucedido y nadie se atreve a comentar por miedo a represalias. Hablar estos asuntos puede acarrear grandes consecuencias —advirtió el coquero. Y continuó hablando—: ¡Sabe usted que me estoy jugando mi puesto como vendedor si algún policía se da cuenta de lo que estoy haciendo! Ellos me han puesto en esta esquina precisamente como informante de lo que pasa en la zona. Y debo reportar los movimientos de los turistas y de las jineteras con las que se relacionan.

Entonces el padre de Heberto se arrodilló frente a él para implorar que le permitiera contactar con aquella señora, seguro de que ella podría ser el hilo conductor hasta a su hijo.

El coquero veía en su rostro la desesperación de un padre que necesitaba saber dónde estaba su hijo. Y se apiadó de él, pero antes de confesar lo que sabía le hizo jurar que no lo delataría como chivato. Le recordó que su trabajo era lo único que tenía para subsistir, porque con la libreta de comida no alcanzaba para comer ni quince días, y tenía tres hijos que mantener. Agradecía que debido a su condición de chivato le permitieran vender sus cocos y demás frutas por las esquinas.

***

El padre de Heberto vio el cielo abierto y le juró por su familia que nadie sabría de su boca que él era el informante, porque antes de hacerlo se cortaría su propia lengua. Después, el coquero le apuntó en un papel la dirección y nombre de aquella señora y se lo pasó disimuladamente. El padre de Heberto lo cogió y lo introdujo deprisa en su bolsillo.

Caminó deprisa, exaltado de alegría y con una sonrisa en su rostro llegó hasta donde había dejado a su esposa. Llevaba el agua de coco en una mano y en la otra la masa metida en un cucurucho. En su rostro la felicidad de creer que estaba muy cerca del final, y que pronto sabría la verdad sobre el paradero de su hijo. Al menos veía luz donde antes solo había tinieblas.

***

Su esposa lo esperaba sentada mirando fijamente al mar como si fuera una estatua petrificada. Se colocó detrás de ella y puso una mano en su hombro y con la otra le pasó el vaso con el agua de coco. Ella lo cogió agradecida y lo tomó sorbo a sorbo. Cuando ella despertó de su introspección, él sintió miedo al ver la flaqueza en su mirada y no la fuerza y seguridad con la que ella le tenía acostumbrado. La mujer fuerte y tenaz que ahora necesitaba él más que nunca a su lado se había esfumado. La heroína capaz de enfrentar al mismo demonio si en su camino se cruzaba. Deseaba que volviera en sí, le decía orgulloso. Entonces la abrazó para contarle los pormenores de la información que le había proporcionado el coquero.

Ella lo escuchó atentamente y después se abrazaron durante unos minutos. Lloraban de la emoción y él entre lágrimas le susurraba al oído:

—¡Vamos a encontrar a nuestro hijo! Hoy comienza nuestra lucha y no pararemos hasta conseguirlo. ¡Vivo o muerto lo llevaremos de regreso a su hogar! —decía a su esposa.

Su marido acarició sus mejillas y secó sus lágrimas con su pañuelo, besando de forma jocosa su cara para animarla y obligarla a sonreír.

—De alguien ha sacado nuestro hijo esa heroicidad para luchar por sus ideales y sus derechos. Me siento muy orgulloso de los dos —le dijo a su esposa.

Y cogidos de las manos se marcharon en busca de la verdad, preguntando a los viandantes del malecón cómo llegar a la casa de la señora que los llevaría hasta su hijo.

***

Cogieron un bus para que los transportara hasta el barrio de las Carmelitas, donde vivía la madre del joven que habían apresado. Su corazón palpitaba de la emoción. En menos de veinticinco minutos de trayecto llegaron a su destino en busca de Lucinda; la madre del joven.

El coquero le había advertido de que si alguien los veía llegar y preguntaba quiénes eran o a quien buscaban, les dijera que eran parientes lejanos de Lucinda y que venían desde Valle de

Viñales a visitarla unos días.

Al llegar a la casa las puertas y ventanas estaban cerradas como si allí no viviera nadie. Tocaron varias veces la puerta; pero nadie abrió. Fueron por detrás de la casa bordeándola hasta el patio trasero, donde se escuchó ladrar a un perro.

Se asustaron al encontrarse con el animal que ladraba agitado y armaba tremendo alboroto. —Estaba atado con una fuerte cadena, que apenas le permitía moverse. Lo que menos pretendían era llamar la atención de los vecinos, evitando que salieran a mirar quién merodeaba por los atrases.

Siguieron bordeando la casa por el lateral alejándose del perro, que cada vez tiraba más de su cadena, intentando ir hacia ellos... pero ni el peligro lograba intimidarlos.

Continuaron buscando una puerta para entrar o alguna ventana para mirar si había alguien dentro de la casa. Entonces, escucharon a alguien que caminaba dentro y abría la puerta trasera para calmar los ladridos estridentes del perro. Corrieron en su búsqueda y se encontraron con una señora de unos cincuenta años, con cara de haber estado dormida durante lustros. Ella se asustó al verlos llegar de repente. Frotó sus ojos y volvió a mirarlos asustada. Entonces, la madre de Heberto le habló:

—No se asuste mi señora, solo queremos hablar algo personal con usted.

Lucinda desconfiaba de los forasteros y les preguntó:

—¿Qué buscan en mi casa?

Ellos se disculparon por haber invadido su morada y a continuación se presentaron:

—Nosotros no somos de por aquí, mi buena señora, venimos de Valle de Viñales en busca de nuestro hijo.

***

Lucinda se quedó sorprendida al escuchar la palabra «hijo», y de inmediato una fuerza superior conmovió su corazón y comenzó a llorar desesperadamente.

La madre de Heberto la abrazó para consolar su llanto y le suplicó por el amor de madre que las unía que le dijera toda la verdad acerca del secuestro de los estudiantes, entre los que ella imaginaba que estaba su hijo. Al escucharla, se serenó y los invitó a pasar y tomar un café junto a ella. Cuando estaban sentados en el salón, Lucinda comenzó a contarles entre congojas y sollozos y apenas podían entenderla. La madre de Heberto la animaba a calmarse para poder comprenderla.

—¡Tranquila, tranquila!; sé lo duro que debe ser, pero al menos usted sabe con certeza quién tiene a su hijo; el mío me lo han robado y no sé su paradero. La angustia me mata, por no saber adónde se encuentra, si está vivo o muerto.

»Y es justamente lo que me ha traído hasta usted. ¡Apiádese de mí!; se lo ruego, y dígame todo lo que sabe al respecto.

»Se lo suplico, mi señora —dijo entre lágrimas.

Entonces Lucinda continuó:

—No sé si su hijo ha corrido la misma suerte que el mío, que lo han encarcelado lejos de aquí. Y en estos momentos no sé en qué estado se encuentra.

Lucinda decidió abrirle su corazón y contarle la situación tan horripilante por la que pasaba:

—Se lo han llevado lejos, lejos de aquí, a una cárcel que está a unos setecientos kilómetros de La Habana. Han pasado más de dos meses y solo me han permitido verlo una vez, diez miserables minutos.

»La primera vez que fui a verlo hasta allá lo tenían aislado junto a otros disidentes que habían detenido el mismo día que él. Le rogué a los militares que por la imposibilidad de hacer visitas más frecuentes por la lejanía, me permitieran estar un poco más de tiempo con él, pero a ellos no les conmovieron mis súplicas, porque su intención era alejarlo de su familia para que no evidenciaran la situación.

Con manos temblorosas y voz rasgada repetía:

—Tantos kilómetros recorridos semanas tras semanas y no me permitían verlo.

»¡Soy su madre y tengo derecho a ver a mi hijo! —desgarraba sus cuerdas vocales con enojo.

***

Porque la única vez que le permitieron entrar a verlo había recibido un trato deplorable: la habían obligado a ponerse de cuclillas totalmente desnuda, delante de dos agentes que se aseguraron de que no tuviese ningún objeto punzante dentro de su cuerpo. Y cuando al fin pudo entrar a verlo, solo le permitieron estar a solas durante diez minutos, aunque le concedieron el beneplácito de una prórroga de cinco minutos acompañada por dos agentes de seguridad.

—Lo encontré demacrado —dijo—, estaba como muerto en vida. Me dijo que lo tenían incomunicado. Que los primeros días estuvieron todos juntos en un cuarto oscuro, donde les obligaban a ingerir medicamentos supuestamente para aliviar el dolor. Muchos de los compañeros del grupo creyeron las mentiras de los guardias y lo consumieron. Sin embargo, otros más incrédulos los guardaban debajo de la lengua y después los tiraban.

»Me habló de un compañero que no permitía que le inyectaran nada, ni tomaba nada de lo que le daban, y fue quien comenzó a darse cuenta de la situación, porque a todos los que inyectaron al día siguiente se comportaba de forma extraña. Estaban aturdidos y cometían acciones impetuosas que terminaban en suicidios como solución rápida a la ansiada libertad. Otros dormían horas y horas y al despertar no recordaban su nombre ni lo ocurrido. Perdían el sentido y la noción del tiempo.

»Mi hijo me aseguró que gracias a ese compañero logró darse cuenta que no debía tomarlo porque era pernicioso para la salud. Y justo en ese momento, llegaron los agentes y mi hijo no pudo contarme nada más. Lo último que dijo, fue el nombre del compañero que los animaba a luchar por sus vidas.

De inmediato Caridad la interrumpió.

—¡Por favor dígame! ¿Se llamaba Heberto ese joven?

—Sí, así se llamaba, estoy segura. También me contó que los animaba a contar del uno al cien y del cien al uno y a repetir sus nombres y apellidos varias veces al día para que su memoria no dejara de funcionar y se mantuvieran activo todo el tiempo. Ese joven era el más fornido de todos y nunca llegó a perder la cordura porque practicaba yoga y ejercitaba su cuerpo todo el día. Hacía más de cincuenta abdominales diarias.

»Los animaba a no decaer aun estando en las llamas del infierno. Él siempre había encontrado la serenidad y vitalidad que su cuerpo y su mente necesitaban para afrontar tan difícil situación.

»He pasado días enteros sin probar bocado en la puerta de la cárcel, soportando las inclemencias del tiempo en espera de que me permitieran verlo, aunque fuera cinco minutos desde lejos. Pero siempre recibí negativas a las peticiones. Al llegar, me decían que sus defensas estaban bajas y no estaba en condiciones de recibir visitas, para evitar la transmisión de microorganismos que lo afectaran a él y a los demás presos. Pero allí continué día tras días en la calle, lo mismo aguantaba un calor asfixiante que un aguacero torrencial, que al menos, refrescaba el asfalto. Todas esas agonías soporté con el único objetivo de ver a mi hijo, o que al menos por conmiseración me dejaran saber su estado de salud.

»Lamentablemente, no tuve suerte en ningunas de las ocasiones. Me ilusionaban con mentiras para templar mis nervios, prometiéndome que cuando volviera en quince días me dejarían verlo. Yo regresaba a la casa a esperar y esperar. En ocasiones, la desesperación se apoderaba de mi razón y quitaba sentido a mi vida. Tomé pastillas para dormir creyendo que sufriría menos la cruel espera. Pero la soledad menguaba mis fuerzas.

»Este hijo es lo único que me queda en la vida desde que perdí a mis dos hijos mayores y a su padre en el fondo del mar, al quebrarse la balsa en la que intentaban abandonar el país en busca de un futuro mejor.

»La desesperación de ver a tantas familias que fallecían en el mar en busca de nuevos horizontes, fue la causa que llevó a mi hijo menor a convertirse en disidente del régimen y a defender el derecho a vivir dignamente en su país, el que tanto ama y no desea abandonar. Cada día que he pasado sin verlo han sido lustros de espera para mí.

LUCIÉRNAGAS EN EL MAR CARIBE

***

Cuando la madre de Heberto escuchó toda la historia, de alguna manera miró al cielo dando gracias a Dios por haberle concedido el milagro de conocer el paradero de su hijo y rogándole que le diera la oportunidad de encontrarlo con vida. Al día siguiente de conocer su paradero cogieron una guagua rumbo a la cárcel de Boniato, en Santiago de Cuba. Llegaron al anochecer rotos de cansancio después de diez horas de largo camino.
Eran casi las once de la noche cuando llegaron y a esa hora no les dejarían ver a su hijo, entonces, decidieron deambular por los alrededores de la cárcel en busca de algún vecino que se apiadara de ellos y les ofreciera su casa para pernoctar, al menos una noche. Y, como a los quince minutos caminando por los alrededores en busca de alojamiento, se encontraron con una señora sentada en su galería que rezaba el rosario. Ella al verlos pasar y no conocerlos de la zona, imaginó quienes eran.
El pueblo se había volcado en ayudar a muchas familias desorientadas, que llegaban desde diferentes puntos del país en busca de sus familiares. Doña Remedios, como la llamaban en el pueblo, fue conocedora hace un tiempo atrás del mismo dolor que sentían ellos y se apiadó de su sufrimiento. Ella había perdido a uno de sus hijos mientras luchaba por abolir las injusticias a las que estaba sometido por ser transexual. Veía en ellos a padres desesperados, que llegaban dispuestos a demostrar la inocencia de sus hijos.

***

Los forasteros eran conocidos por todos en el pueblo porque se los veía deambulando sin rumbo días y noches como zombis en la oscuridad. Los vecinos se habían organizado a través de asociaciones para ayudar a los padres y brindarles la oportunidad de pernoctar en sus casas el tiempo que fuera necesario. Muchos en el pueblo no es que contaran con espacio suficiente en sus casas como para albergar a más personas, pero estaban dispuestos a compartir con sus compatriotas lo mucho o poco que tenían. Unos lo hacían como obra de caridad y otros porque habían sufrido en carne propia el mismo dolor. Todos los que llegaban agradecían tanta hospitalidad y aceptaban su ayuda incondicional.

Bajo el cobijo y comprensión se instalaron la primera noche en la casa de doña Remedios hasta decidir qué hacer. Y pocas horas después cayeron rendidos en la cama que les había preparado la señora, el cansancio les pudo y cayeron de inmediato.

Dormían plácidamente hasta que una pesadilla interrumpió su descanso. Exaltada y llorando se levantaba la madre de Heberto, que despertó a su esposo. Él se espantó con sus llantos y la cobijó en su pecho para consolarla, mientras le susurraba al oído ¡Lo hemos conseguido!

—¡Cálmate, ya estamos más cerca de nuestro hijo!

Entonces, ella al escucharlo se puso de pie y le dijo:

—¡Nada ni nadie nos detendrá!

Al ver por la ventana que amanecía, decidieron levantarse. Se vistieron y salieron de la habitación preparados para ir en busca de su hijo. Al salir del dormitorio se encontraron con doña Remedios, que los esperaba con un cafetito caliente y víveres hervidos con manteca. Ellos dieron los buenos días y le reiteraron su agradecimiento y hospitalidad, sobre todo su calidad humana.

El pueblo estaba volcado en compartir con las personas que llegaban. Se quedaron admirados de ver a tantas personas capaces de ponerse el sayo del otro al meterse en su piel, aunque en su silencio habitaba su pena, porque ellos también habían padecido el mismo dolor con historias similares.

Salieron de la casa después de desayunar junto a doña Remedios y, llenos de energías positivas, caminaron esperanzados hasta el centro penitenciario, dispuestos a gritar al mundo entero su situación y la de quince familias más que estaban viviendo el mismo calvario que ellos. Estaban dispuestos a reclamar justicia y exigir derechos para todos los apresados, por lo inmoral e inconstitucional de privarlos de libertad y negarles el derecho a visitas de familiares y amigos.

Cuando llegaron a la cárcel intentaron hablar con alguno de los mandos superiores, pero ninguno de ellos les dio la cara, y se negaron a informarles sobre la situación en la que se encontraba su hijo. Al preguntar, solo contestaban con evasivas: «deben esperar afuera, en un rato serán atendidos».

Así pasaron un día entero en la calle esperando ser llamados y presagiando lo peor. Entraban de vez en cuando para intentar preguntar a los que pasaban por su lado, pero a todas sus preguntas les dieron la callada por respuesta.

Después de tres días de espera sin ser atendidos, junto a otras familias que llegaban desde diferentes puntos del país a ver sus parientes, se organizaron para emprender una protesta pacífica frente a la cárcel, con un mensaje claro y bajo un grito unánime de libertad hasta conseguir el propósito por el que habían viajado desde lugares muy recónditos.

Su lucha dio sus frutos: ver y tocar a sus hijos después de

tanto tiempo. Emocionados por tan esperado reencuentro, fueron entrando por turnos en las instalaciones del centro penitenciario.

Todo alrededor era tan deplorable que entristecía el momento y más desolador aún era ver cómo vulneraban los derechos de todas esas personas.

Los padres de Heberto no dejaban de pensar en el sufrimiento de su hijo, mientras agarrados de las manos caminaban por los pasillos del centro. Cabizbaja, Caridad le pidió a su marido que le permitiera entrar ella primero a ver a su hijo.

El ver todo aquello con sus propios ojos y sentir tanta maldad le produjo en su interior una sed de venganza al sistema. Su cabeza se torturaba de pensar en todo lo que habría sufrido su hijo, al que deseaba abrazar, aunque fuera a través de las rejas.

***

A Heberto lo tenían más alejado del resto y no tenía compañeros a ninguno de los dos lados. Estaba de pie abrazado a las rejas, como siempre hacía cuando sentía movimiento en el módulo, esperanzado de verlos algún día llegar. Cuando se percató de ver a su madre caminando desorientada y mirando celda por celda, no daba crédito lo que veían sus ojos. Estiró sus largos brazos en un intento de alcanzarla a lo lejos para rozar su piel, cuando de repente sus brazos se entrelazaron de inmediato para juntar sus cuerpos.

Llevaba más de tres años que no la veía, pero cómo olvidar su rostro, sus andares, él era capaz de reconocerla entre la multitud porque para él era única. Su corazón palpitaba y su rostro denotaba la alegría que sentía en ese momento, aunque tuviese que conformarse con verla detrás de los barrotes. Al tenerla junto a él, no era capaz de expresar con palabras la satisfacción y el regocijo tan inmenso por verla de nuevo.

Su madre respiraba su olor y en su espalda veía el sufrimiento padecido dibujado en su piel. Se derrumbaba entre sus brazos y, después de un largo silencio y de sentirse el uno al otro, Heberto, extrañado le preguntó por su padre al no verlo junto a ella.

—Tu padre siempre está junto a mí, hijo, apoyándome en todo lo que hago y con el mismo amor y respeto de siempre. Él tiene el mismo deseo de verte que yo, pero no nos han permitido entrar juntos, alegando que había muchas personas en el módulo.

Su madre no paraba de hacerle preguntas que aún seguían sin respuestas, quería que su hijo le contara todos los pormenores de cómo había llegado a la cárcel.

—¿Por qué te tienen aquí como un delincuente? —preguntó—, cuando solo faltaba un año para terminar tu licenciatura —dijo angustiada.

Él, al escucharla entendió sus angustias, su mayor deseo era contarle toda la verdad… sin ocultarle nada, pero debía hacerlo de forma sutil para evitarle más sufrimientos por su culpa.

Entonces, imaginó cómo contar la historia de un joven que jugó a ser un héroe sin medir las consecuencias, impulsado por un intrínseco sentimiento que lo empujaba a defender a los que no sabían luchar con sus palabras, porque no le habían enseñado a hablar o porque tenían miedo de contar al mundo su verdad y preferían hacerse los mudos. Y comenzó diciéndole:

—Mami, me conoces desde tus entrañas porque me has parido con dolor y, junto a ti, forjé la personalidad que hoy define mi persona. No te extraña saber que mi mente ha sido tan fuerte como mi cuerpo. Los golpes nunca han hecho hendidura en mi persona. Han sido tan efímeros que apenas los he sentido; sin embargo, el dolor del alma ha hecho profunda mella en mí desde que era un niño.

»Recuerdo tus enfados por mis travesuras o por decir palabras fuera de tono porque me creía un hombre con derechos a maltratarte, con solo once años. Entonces tú me mostrabas quién mandaba en casa, cuando cogías una barra del árbol, la que te pillara más cerca y me pegabas en los pies para que supiera el por qué debía respetarte. Nunca viste una lágrima en mí o una queja de dolor, ni siquiera intenté correr cuando me pegabas y me quedaba inmóvil junto a ti, hasta que parabas de darme mi merecido.

»Pero tu inteligencia y avidez te hicieron entender que los golpes físicos no significaban nada para mí, porque apenas los sentía, era solo un simple juego donde te retaba para averiguar quién era más fuerte de los dos.

»Me sentía vencedor y mucho más fuerte que tú, al demostrarte que los golpes físicos no me dolían. Sin embargo, tu intranquilidad por mi comportamiento me hizo reflexionar hondamente porque me destrozaba por dentro. Yo no era capaz de verte sufrir por mí... En ti forjé mi vida hasta llegar a ser el hombre que soy.

»Con esto quiero decirte que con cada palo que recibí en mi cuerpo por los guardias, nunca sentí dolor, solo veía mariposas de colores que volaban en libertad a mí alrededor, a un tocororo de plumas tricolor que cantaba acompañado por cientos de carpinteros y ruiseñores. Mis lágrimas eran afluente de agua que continuaba su curso para refrescar los recuerdos. En ellos siempre estabas tú y nuestros paseos por los mogotes en busca de armonía. Todos esos recuerdos han sido más poderosos que los golpes que he recibido. Siento que me han fortalecido para resistir sereno y erguido ante tantas injusticias y crueldad. Porque es indignante; la élite política es intocable y goza de todos los privilegios junto a grandes escritores y futbolistas de todo el mundo que llegan en busca de placeres, mientras el pueblo muere de hambre y sufrimiento.

»Lo que más he anhelado en mi vida es tener derechos que amparen mi libertad, no que me denigren o humillen como hacen los depredadores políticos en nuestra patria, creyéndose dioses en la tierra, con potestad para esclavizar a todo un pueblo de la forma más indecorosa: robándole su dignidad y autoestima.

***

»¡En qué hemos convertido nuestra patria, Mamá! cuando muchos padres de familia no tienen qué darles de comer a sus hijos y deben mojar sus labios con agua de azúcar o un trozo de pan duro para saciar su hambre. Donde las madres tienen miedo y remordimientos al comer, pensando que esa ración podría saciar el hambre de sus hijos en días de escasez.

»Que nos dejen ser libres y trabajar por nuestro futuro. Nosotros forjaremos nuestras vidas con el sudor de nuestra frente. Para dejar de ser lacras sociales, que se conforman con tres barras de pan, cinco libras de arroz y dos libras de habichuelas, es a todo lo que podemos aspirar al mes.

Su madre, emocionada al escuchar sus palabras, lloraba. ¡Ese era su hijo! En el que había depositado todas sus esperanzas, a quien había criado con valores de responsabilidad y respeto al prójimo. Fue ella quien le inculcó la lucha por lo que consideraba justo y a no callar sus opiniones por miedo, algo tan distinto a lo que les enseñaban a los demás niños en las escuelas, convirtiéndolos en ciegos, aunque hubieran visto, o mudos porque su opinión no era válida. Los convertían así en adultos acostumbrados a resistir toda clase de injusticias, sin derecho a protestar por la falta de humanidad de un régimen corrupto que los gobernaba con mano de hierro.

—¡Te juro que no lucharás solo por tu libertad! Hijo, también es mi responsabilidad acompañarte, aunque en ella me deje la vida. Ahora mi prioridad inmediata es mejorar tu situación en esta cárcel, para que al menos puedas tener una celda digna.

Después de escucharla volvió a abrazarla. Para Heberto sus palabras eran fuente de optimismo y energías que lo reconfortaban. La seguridad y tenacidad con la que le había hablado lo hacían sentir seguro y protegido, como cuando era pequeño.

Conocía muy bien a su madre y estaba seguro de que ella estaría dispuesta a hacer cualquier cosa para que él saliese de aquel infierno donde estaba recluido. Aunque él intentaba transmitirle serenidad haciéndole creer que podía soportarlo, pues su obligación era calmar su ira y su odio al régimen. Necesitaba que de alguna forma ella aceptara su situación y no se comprometiera por su causa. Estaba en juego su bienestar, ya que podrían tacharla de traidora y negarle la cartilla de abastecimiento. No es que valiera para mucho, pero era consciente de que sus padres habían gastado casi todos sus ahorros en pagarle a él sus estudios.

***

Presentía que estaban a punto de entrar a desalojarlos, así que le rogó a su madre que se calmara y le reiteró que él debía asumir las consecuencias de sus actos y que, además, estaba preparado para afrontarlas con dignidad. Entonces, su madre acarició su rostro y, orgullosa le dijo:

—Eres un hombre de bien y tienes derecho a luchar por lo que consideres justo.

Y segundos más tarde se acercó un oficial para avisar a todos los presentes que debían abandonar la sala para dar paso a las demás personas.

***

A los pocos minutos que su madre salió del módulo, entró su padre preparado mentalmente para lo que encontraría. A ella le hicieron salir por una puerta distinta a la que había entrado y no vio a su marido pasar.

Mientras salía del infierno donde tenían a su hijo, miraba detenidamente a su alrededor y veía el desamparo de muchos padres al ver que sus hijos no los reconocían, solo deliraban palabras sin sentido, con la mirada perdida en el techo y con aspecto malogrado y desnutrido. No los asistía ningún médico.

A los presos más graves los evacuaban de la celda y trasladaban al hospital, pero a ninguno de los que se llevaban lo regresaban con vida.

En celdas con capacidad para diez personas metían hasta cincuenta. Opositores, enfermos mentales, de sida o criminales debían compartir cada esquina del habitáculo. Era sumamente desalentador presenciar aquello, se lamentaba su madre, aunque a su hijo lo tenían aislado y por tales motivos no compartía celda con nadie, solo con las asquerosas ratas que salían del sumidero.

Su padre llegó hasta él, desmoralizado y al verlo detrás de aquellos barrotes llenos de historias de jóvenes que al igual que él, habían luchado por un futuro mejor para su país, se hundió más si cabe en una tristeza profunda que apretaba su pecho sin compasión.

Jóvenes que murieron de impotencia al no lograr escapar de las torturas, dejando impregnados en cada barrote de sus celdas su alma y su piel.

***

Al tenerlo frente a él solo tenía ganas de abrazarlo, sin preguntas, se conformaba con tocarlo y saber que estaba vivo, aunque fuera metido en una celda. Que él estuviera con vida significaba mucho para ellos.

Heberto, mirándolo a los ojos le dijo:

—¡Papá, mírame sin miedo, estoy frente a ti! Soy fuerte y soportaré el viacrucis que deba pasar, te juro que solo me callarán si me cortan la lengua; y si así fuera, el mundo entero llorará mi muerte. Habrá servido al menos para algo.

»No quiero que sufran por mí, quiero verlos fuertes y con agallas para sobrellevar la situación. En estos momentos los necesito guerreros y unidos más que nunca. Eso me dará la fuerza inexorable para no caer en el abismo que mata lentamente.

»Mis compañeros me necesitan y debo ayudarles a salir del pozo donde los llevé. Se lo debo, porque ellos permanecieron junto a mí durante mucho tiempo, ayudándome a librar las batallas.

Era notable que su hijo había sido golpeado cruelmente, porque su cuerpo estaba marcado con moretones y magulladuras, y en sus ojos había restos de coágulos que le impedían fijar la mirada, obligándolo continuamente a cerrar los ojos. Después de diez minutos compartiendo con su hijo en la cárcel de Boniato, terminó su visita alicaído, con un «te quiero hijo».

Fue una visita agridulce para sus padres, porque por un lado tenían la satisfacción de saber el paradero de su hijo y haberlo visto con vida y, por el otro, la preocupación de no saber cómo ayudarle a salir de ese infierno.

Su padre, el rato que estuvo con él comprobó cómo había cambiado su temperamento. Era otra persona, no el adolescente risueño en busca de sus sueños que había salido de Valle de Viñales a La Habana. Se había convertido en una persona suspicaz y temerosa, llena de rencor. En su rostro había soledad, aunque disimulaba haciéndose el fuerte para no defraudar al resto de sus compañeros. Muy resentido con la vida se mostró ante su padre... dispuesto a morir por su causa.

***

Cuando sus padres abandonaron aquel infierno salieron convencidos de acabar con el viacrucis que estaba viviendo su hijo y juraron librarlo de las garras del mal, aunque tuviesen que poner sus cabezas en bandeja. Las consecuencias que acarrearía defender la libertad de su hijo no les importaban en absoluto, convencidos de que ya habían vivido lo suficiente. A toda costa impedirían que el régimen desgraciara la vida de su hijo, un joven de tan solo veintidós años, que comenzaba a vivir con la esperanza de algún día liberarse del yugo que asfixiaba su país. Estaban dispuestos a actuar como los peores disidentes, si su hijo no tenía un juicio justo que le permitiera demostrar su inocencia o al menos le concedieran el derecho a estar en un lugar salubre y no en aquella mazmorra donde le habían metido.

Los familiares iban saliendo destrozados al ver el padecimiento de sus hijos, y fueron coincidiendo al salir en una placita cerca de la prisión. Ahí estuvieron sentados debajo de un frondoso árbol comentando el padecer de todos ellos. Las mujeres no se daban por vencidas y decidieron organizarse para unir sus fuerzas y llevar sus plegarias a la opinión pública. Y así, poco a poco, nació un movimiento formado por valientes mujeres: madres y esposas que luchaban por sus derechos unidas entre sí. Acordaron vestir de negro impoluto en señal de duelo. Y en consenso definieron las fechas y el lugar de encontrarse. Decidieron reunirse en La Habana porque era la ciudad donde mayor relevancia podría tener su protesta. Entonces, formaron una cadena humana por la vida de sus hijos, gritando libertad por todo el país, a sabiendas del riesgo que corrían. Su primera misión era identificar a los culpables de las palizas y vejaciones de sus hijos, para que fueran señalados y condenados internacionalmente.

Caminaban por las calles de Santiago y La Habana con un rosario colgado en sus manos, entonando a coro una avemaría y rezando la novena en busca de adeptos. A través del sonido envolvente de sus voces estremecieron los corazones de otras madres que se apiadaron de su dolor, dejando de una vez por todas de mirar para otro lado.

***

Aún no tenían las suficientes personas en el grupo como para ejercer una fuerza capaz de llamar la atención, pero sabían que era solo cuestión de tiempo convencer a muchas más mujeres que las ayudaran a llevar su protesta a la opinión pública. Necesitaban notoriedad y estaban decididas a conseguirlo a cualquier precio.

Sus voces comenzaron a entrar en los hogares de todas las ciudades del país, a pesar de que los pueblos estaban adoctrinados y los que no lo estaban fingían aceptar el régimen y participar en todos sus actos públicos. Hasta los lugares más recónditos llegaron las madres empoderadas en busca de otras que hubieran vivido el mismo calvario de tener hijos desaparecidos, apresados o muertos a manos del régimen.

Y así fueron invadiendo los pueblos y ciudades recónditos en busca de mujeres dispuestas a unirse al movimiento. Logrando captar un significante número. Continuaron con sus protestas una vez al mes. Consistían en rezar por las calles durante nueve horas, divididas en grupos de veinte. Iban descalzas en señal de penitencia y vestidas de negro, que representaba el luto y la tristeza que llevaban dentro.

Al terminar la jornada, todas emitían un grito unánime de libertad, entonando tres veces de menor a mayor fuerza: «¡Libertad, libertad, libertad!». Después levantaban las fotos de sus hijos en rotundo silencio. A continuación, se despedían, marchándose cada una a sus respectivas casas, con la satisfacción de haber hecho algo justo por su país.

***

Ese grito de libertad que en sus comienzos fue tímido, iba engrandeciendo y cruzando fronteras. Sus voces se propagaban a la velocidad del aire y llegaban a países lejanos. Los gobiernos de grandes potencias del mundo vertieron duras críticas sobre el régimen, a quien le reclamaron la liberación inmediata de los presos políticos. Países que se manifestaron en contra de la impunidad y violación de los derechos humanos, declarando abiertamente su apoyo al grupo de mujeres que salían a mostrar al mundo su verdad y reclamaban libertad y un juicio justo para sus hijos.

Pasaron los meses y Heberto resistía las vicisitudes por las que le hacían pasar, y como si fuera un bastón se aferraba al amor incondicional de sus padres, que estaban dando batallas calles por calles hasta encontrar la manera de mejorar el cautiverio de su hijo. Pero todo se le dificulta debido a la corrupción que se había instalado en el país; la que sometía a su pueblo con el látigo opresor, llegando a límites inimaginables.

La mayoría de los abogados del país estaban comprometidos con el Gobierno, eran pocos los que se atrevían a enfrentar al régimen. Y eran los ciudadanos los que sufrían la consecuencia de no tener un juicio justo y ponerlos a la merced del régimen.

—¡Basta ya! —gritaba al viento desconsolado—. Libertad para vivir y pensar…

Se sentía amordazado de pies y manos.

Heberto aprendió a torear las adversidades, que en vez de derribarlo lo hacían más fuerte.

Sus padres escribían dos y tres cartas para su hijo cada semana, para mantenerlo activo y fuerte de espíritu. Esperaban reconfortarlo cuando le contaban las noticias de su pueblo y las acciones llevadas a cabo por Luzmila, su vecina y todos los del pueblo en su nombre y en el de todos los héroes que le acompañaban. Con sus relatos fortalecían sus esperanzas para ayudarlo a seguir resistiendo. No obstante, a su hijo le entristecía pensar que sus padres pudiesen padecer calamidades por su culpa.

Ellos no podían visitarlo las veces que deseaban porque las visitas eran cada quince o veinte días; además, la lejanía en ocasiones hacía imposible el traslado desde Viñales a Santiago. Pero estaban orgullosos de haber ganado una batalla más, porque al menos, ya le permitían ver a su hijo sin testigos y durante dos horas cada quince días.

LILIAN NUÑEZ

Una visita inesperada

Un día inesperado recibió una visita que le causó una grata sorpresa, de esas que no esperas, pero cuando sucede te hace revivir momentos y recuerdos del pasado ya olvidados.

Esa mañana después del desayuno, lo sacaron inesperadamente de su celda con las manos esposadas. Patidifuso, sin saber adónde lo llevaban, preguntó inquieto. Pero el silencio como siempre reinaba en los policías. Pensó lo peor, convencido de que hasta ese momento había llegado su vida.

Lo llevaron a un módulo desconocido para él, donde nunca había estado, ni siquiera cuando venían sus padres, que lo trasladaban a una salita colindante a su celda que utilizaban para visitas de cónyuges. Un logro más conseguido por su madre.

Cuando entraron al módulo abrieron una lujosa celda y se limitaron a decir: «¡Adelante!». Sorprendido al ver aquella lujosa celda, que más bien parecía la *suite* de un hotel, de lo impecable y bien decorada que estaba, deseó encontrar en ella a Dulce María. Las paredes estaban pintadas de colores frescos y un olor a naturaleza se había impregnado en ellas. Confundido con todo aquello, pensó que solo Dulce María era capaz de conseguirlo, ayudada por su padre, quien era un alto cargo militar del régimen. Entonces, vio al entrar un cartel pintado con carmín rojo que decía: Las flores nocturnas pueden ayudar a salvar vidas y regalar momentos de placer

—¡Mi Dulce María! También ella se ha olvidado por completo de todo lo que vivimos —decía con lamento.

Y extrañado se preguntaba, si su padre permitiría que su única hija se involucrara sentimentalmente con un disidente.

Se sentó encima de aquella cama con olor a jazmín a esperar a la persona que deseaba sorprenderlo. No entendía aquel juego y la intriga le hacía creer lo inimaginable. Disponía de televisión y radio y no dudó en aprovecharlo para escuchar las noticias y enterarse de lo que sucedía en las calles, incluso saber si se hablaba de su causa y de los demás disidentes arrestados.

Como a los treinta minutos de estar esperando en la celda, apareció un policía para decirle que se diera un baño y pusiera ropa limpia, además de usar los perfumes que habían puesto en habitación para que cuando viniera la persona que lo visitaba lo encontrara en buen estado.

***

Tenía el presentimiento de que era una visita de esas que reconfortan y dejan buen sabor de boca. Rogando a Dios, que de repente el pasado volviera a su presente, porque nunca fue pasado... siempre estuvo en su alma en forma de esperanza. Aunque ese día, la desilusión se apoderó de su mente, porque no era a quién esperaba.

Heberto reflexionaba. En la cárcel los días eran eternos y se echaba de menos a todas las personas queridas, a los amigos que un día juraron permanecer juntos en las buenas y en las malas y, sin embargo, muchos de ellos lo habían abandonado. No los culpaba de nada, podía entender su temor. El solo hecho de relacionarlo con disidentes como él, podría acarrear graves consecuencias judiciales o personales, como ser expulsados de la universidad o denegarles la cartilla de economatos, dejándolos sin manutención durante largos periodos. Esto no solo afectaría al disidente, sino a toda la familia, que se convertían en perseguidos del régimen. En muchas ocasiones las consecuencias eran aún peores, al colocar en su propia casa evidencias de falsos delitos, como pruebas acusatorias para detenerlos y acusarlos de delincuentes.

Pasaban los meses y él seguía sin saber de Dulce María, como si la tierra se la hubiera tragado desde aquella última noche, cuando le insistió y aseguró que una persona cercana a él era la informante de sus movimientos y la culpable de su detención.

Heberto nunca creyó que la información que le daba Dulce María fuera veraz, porque confiaba en todas las personas que estaban a su alrededor y sobre todo en su familia. Aunque la realidad era que había muchos casos en los que los propios hijos, familiares o amigos eran los chivatos de sus propios padres. La población se vendía al régimen a cambio de privilegios inalcanzables para la mayoría… Y esa noche entre lágrimas, Dulce María le había insistido en que huyera.

En cada esquina, en cada calle, solía haber un chivato colocado estratégicamente por el Gobierno las veinticuatro horas del día, para que informaran de todos los acontecimientos ocurridos en los vecindarios, y a su vez estaban conectados con los comités y la policía.

***

Dulce María también libraba su batalla intentando escapar del infierno de su propia casa, donde presa de miedo permanecía encerrada. Habían pasado muchos meses y seguía sin dar con el paradero de su amor, a quien le había jurado que lo buscaría en el infinito. Deshecha, temía no poder cumplir con su promesa. Pero ideó su plan y con astucia y audacia logró obtener información relevante, aunque no del todo especifica o concluyente.

Pero algo falló y su padre la descubrió hurgando en sus cosas y comenzó a ser más precavido. Hablaba los temas relevantes y relacionados con Heberto en clave. Ella escribía en una libreta los códigos y claves que utilizaba para hablar y después los relacionaba, hasta que logró descifrar su contenido. Así se dio cuenta de que en la cárcel de Boniato de Santiago tenían privado de libertad a Heberto.

Comenzó a investigar los kilómetros de carretera hasta llegar hasta allí y se achantó al ver que eran bastantes para ella por su estado.

Escapar de la casa iba ser dificultoso porque estaba vigilada día y noche, y burlar la escolta sería un trabajo de profesionales, aparte de un poco arriesgado. Así que debía primero planificar un arduo plan de escape antes de intentarlo. Pero le seguía preocupando más su estado de buena esperanza; por las amenazas de sangrado que había tenido en los primeros meses no era recomendable el conducir tantas horas.

Dulce María aprovechó la salida de su padre de la casa y el cambio de escoltas para llamar a la cárcel de Boniato a preguntar si Heberto se encontraba detenido en esa prisión. Pero solo fue mencionar su nombre y recibir negativas a todas sus preguntas. Nadie se atrevió a pasarle información. Entonces fue cuando se cercioró de que a Heberto lo tenían recluido en esa cárcel. Aquellas negativas solo podían venir dadas por un alto cargo como su padre, a quien no le interesaba que su hija descubriera dónde tenían a su pareja y padre de su hijo.

Pero no lo pensó más veces y decidió actuar, y esa misma noche drogó con pastillas de dormir trituradas en un delicioso jugo de mamey a los escoltas que la custodiaban. Consciente de lo que hacía y hacia dónde se dirigía, salió deprisa de la casa conduciendo su propio auto, sin que nadie se percatara de su salida. Condujo toda la noche en dirección a Santiago, con la fe de llegar temprano a la cárcel para que le permitieran verlo.

—¡Al fin! —decía, cuando logró salir sin que nadie la viera.

Extenuada y sin hacer ni una parada, hizo el tedioso viaje y sobre las nueve de la mañana llegó a su destino final. A su llegada había una cola muy larga porque era día de visitas. Ella no se puso a la cola como el resto, sino que hizo llamar al teniente al mando para enseñarle su documentación y le permitiera el paso.

***

El plan que había ideado era hacer alarde de sus apellidos y presentarse como asistente de su padre, para evitar que le cortaran el paso. Para ello contaba con un carnet falso firmado. Se lo mostró a los policías para intimidarlos. Ellos al ver sus apellidos fueron a avisar al teniente. Cuando a este le informaron, de inmediato la hizo pasar a la oficina.

—Pase por aquí señorita, y siéntese, por favor —dijo—.

¿Qué le trae por aquí?

—Vengo a realizar una misión secreta y para ello debo ver a solas en su celda a un preso llamado Heberto Rodríguez —le dijo ella al teniente.

Había una señora vestida de paisano dentro en la oficina hablando con dos oficiales y, al escuchar el nombre y apellido de Heberto, la miró sorprendida y con recelos, intentando hablarle con la mirada y con curiosidad por saber quién era.

Entonces, el teniente, sin pensarlo dos veces, le dijo que ese preso estaba custodiado en una celda de alto riesgo y solo le permitían visitas de familiares directos.

Ella insistió, casi ordenándoles que le permitieran verlo. Alegó que venía a realizar un trabajo secreto de suma importancia para el coronel, quien podría enfadarse por su desacato.

El teniente se retiró un momento a hablar por teléfono a la oficina y la dejó sentada fuera en la sala de espera; mientras él hablaba, ella lo observaba a través del cristal. Sus manos destilaban agua al presentir a quién llamaba por teléfono el teniente. Cuando él regresó, vio rápidamente en su mirada que la había descubierto. Entonces, le suplicó por humanidad que le permitiera verlo, aunque fuera cinco minutos, asegurando que nadie se enteraría de su favor, además de que ella estaba dispuesta a pagarle de la manera que él lo considerara. Pero las manos de su padre eran muy largas y habían embarrado el asunto. Ya no podía hacer nada, pensó desconsolada.

Aquella mujer continuaba a su lado escuchándolo todo, la perseguía con la mirada e incluso hizo ademán de hablarle, cuando cabizbaja se marchaba. La persiguió por los pasillos y le preguntó a lo lejos. ¿Estás embarazada? Y volvió a callar en espera de su respuesta. Pero Dulce María se alejó sin darle explicación. Salió del despacho avergonzada y con la piel brillosa del sofoco que había padecido en esa oficina. Y mientras caminaba por el pasillo se quitó la camisa que llevaba encima y se quedó en camiseta de tirantes, atuendo con el que mostraba el tamaño de su barriga. Aquella misteriosa mujer continuaba persiguiéndola; ella, asustada, aceleró el paso hasta perderla de vista.

***

Regresó a la casa triste y sin dar explicaciones por más preguntas que le hizo su madre. Se encerró en la habitación sin ganas de hablar, cansada de tantas horas de conducción. Su madre fue detrás de ella para reprocharle su comportamiento al exponer peligrosamente el honor de la familia.

En la soledad de su encierro, pensaba la manera de llegar hasta su novio y entonces, como último recurso decidió escribirle cartas haciéndose pasar por otra persona, con el fin de que llegarán al destinatario sin ser descubierta. Era la única oportunidad de llegar hasta él… y debía intentarlo.

Cuando todos dormían, ella encendía una pequeña lámpara y comenzaba a escribir, aunque no lograba terminar ninguna. La mayoría de las veces, sus lágrimas caían sobre el papel y difuminaba la tinta, haciendo las palabras ilegibles y otras veces caía rendida abrazada a su almohada con el papel arrugado entre las manos tocando su pecho, y de fondo música romántica que afloraba sus sentimientos como un volcán en erupción.
Ella debía controlar sus impulsos si su intención era terminar de

escribir aquella carta, tan importante para ambos. Entonces se lo propuso y con decisión y firmeza consiguió al menos un borrador que escondió a buen recaudo y que le sirvió de guía para redactar la definitiva.

No tenía claro, si después de tantos meses sin ver a su novio debía contarle la verdad de su estado. Creía que él no deseaba saber nada de ella, por haber incumplido su promesa y por haberlo abandonado de tan ruin manera. Con sus recuerdos volvían sus llantos... No encontraba las palabras exactas que resumieran su sufrimiento, por la desesperación de no saber en qué situación se encontraba el padre de su hijo.

«Juro por Dios que lo he intentado...», lloraba, mientras se culpaba por no haber sido capaz de encontrarlo antes.

Salió de la casa en busca de aire. Caminaba distraída por el malecón mirando el hermoso mar de mirada profunda, al que deseaba contarle todo lo que pasaba por su cabeza y que su estómago no era capaz de digerir.

Entre risas, unos jóvenes jugaban a las canicas, ajenos a problemas burocráticos o vaivenes políticos del país. Ella se quedó observando cómo se divertían,

Corrían detrás de las canicas para ver la que hacía el recorrido más largo. Se acercó a ellos intentando ganar su confianza y entre piropos les propuso acompañarlos a jugar un rato. Algunos se alegraron, pero a otros les pareció chocante y la miraron con desconfianza.

Sus ojos estaban hinchados y en su cara no había júbilo de compartir un juego; entonces le preguntaron sin preámbulos las razones de su tristeza. Se le hizo un nudo en la garganta al escuchar tanta verdad en boca de inocentes.

—Son cosas de adultos. Que ustedes no podrán entender —les dijo.

A continuación, se sinceró con ellos y les pidió que le hicieran un gran favor.

—Disculpen mi confianza —añadió—. Pero me harían feliz, si alguno de ustedes encontrara la manera de llevar esta carta a correos.

Y los animó a aceptar, ofreciéndoles dinero.

Willy, el mayor de ellos y líder de la pandilla, cogió la carta en sus manos y la guardó en el bolsillo de atrás de su pantalón. A continuación, él abrió sus manos para que ella le diera su propina. Ella sonrió y sacó de su bolso un billete que puso en sus manos… Entonces, la cerró y volvió a jugar con sus amigos a las canicas, y Dulce María se marchó sonriendo de gozo.

Willy dio una voz y dijo:

—A esta hora está cerrado, en un rato vamos a llevarla.

Ella lo miró y con sus manos hizo un gesto de afecto… después se perdió entre las calles, llevándose la promesa que le había hecho Willy, pero que no pudo cumplir por causas ajenas a su voluntad.

Mientras, caminaba por el malecón miraba al cielo y rezaba con fervor para que su carta llegara a su destino final. En esa carta se había sincerado de forma sutil, dándole la enhorabuena a Heberto porque iba ser padre en poco tiempo.

También le dijo que siempre lo sentía a su lado con cada patadita de su hijo.

Le había costado mucho hacerle esa confesión, porque no tenía la certeza de que fuera una buena noticia para él, sino más bien un problema añadido a su tristeza. Pero se arriesgó con la noticia. Y en pocas palabras le describió lo hermoso de sentir en su vientre a una criatura concebida del amor entre ellos. Estaba convencida de que cuando algo tan bello llega sin avisar, llega para unir o salvar vidas.

Ya no había miedo a la distancia, había un lazo irrompible entre ellos que los uniría toda una vida. Un hijo concebido en medio de tantas tormentas.

Afrontar su embarazo

Intentó por todos los medios mantener su embarazo en secreto, no era de su agrado que sus padres se enteraran, porque podía ser un grave peligro para ambos. Cuando su vientre comenzó a crecer, que no fue hasta los siete meses, logró mantenerlo disimulado con ajustadas fajas. Y a partir de ese momento cambió rotundamente su manera de vestir a un estilo más desenfadado de blusones y vestidos de cortes anchos y de telas africanas. Huía así de prendas ajustadas que eran sus preferidas.

Dejando la vida pasar, esperaba ansiosa la libertad de Heberto, convencida de que él la buscaría para huir juntos. La frustración de sentirse sola y de que su mundo se tornarse gris la llevó a tomar la decisión de enfrentar su embarazo ante sus padres. Ya no era posible continuar mucho más tiempo escondiéndose, porque se le notaba cada vez más su barriga. Envalentonada, los juntó a los dos en el despacho de su padre y les habló con sinceridad de su estado. Sus padres no podían creer lo que escuchaban de su niña y, en un arranque de ira, el padre la golpeó bruscamente en la cara, propinándole sendas bofetadas en las mejillas.

Defraudado por el comportamiento de su hija a la que le había dado todo, incluso, un novio para casarse decidió salir de la casa para digerir tan dura decepción. Se alejó de ella para tranquilizarse y tomar la mejor decisión con respecto al bebé que llegaba. No era una decisión como las que él estaba acostumbrado a tomar sin que le temblara el pulso, sino un tema personal y complejo porque concernía a su única hija. Era un golpe muy duro para su padre, él siempre había tenido la esperanza de que su hija más allá de una simple atracción entre jóvenes, nunca se emparentara con un perseguido disidente.

Su padre caminaba hasta la puerta de salida cuando se encontró con Fernando dentro de la casa, quien había escuchado toda la conversación. Él había llegado al país por sorpresa después de mucho tiempo fuera. Fernando no entendía nada de aquella conversación y mucho menos lo del embarazo. Y miraba a Dulce María con desconcierto. Ella tapándose el rostro con vergüenza al verlo llegar, después, le dijo:

—Qué bueno que llegas a tiempo para que te des por enterado: no me voy a casar contigo, porque no te quiero.

Histérica dijo:

—¡Entiéndelo de una vez por todas!

Él se acercó a Dulce María para tomar sus manos y ella en un intento de apartarse, lo empujo:

—¡Aléjate de mí!; y ya déjenme todos en paz —chilló—.

Entonces su padre reaccionó también a voces para explicarle con más detalle a Fernando, por si se hubiera perdido algún capítulo de la novela de su hija.

Y con palabras burlonas se expresaba, mientras, su hija lloraba en los brazos de su madre, quien sentía en su piel el mismo sufrimiento que ella, pero no podía opinar. Su padre era el coronel; el general de todos en la casa.

Su padre caminaba de un lado al otro mientras le hablaba

a Fernando:

—¡Enhorabuena muchacho!; has llegado a tiempo para el compromiso —y añadió.

»¡Y muy pronto serás padre!

Todos al escucharlo pusieron cara de asombro; sobre todo Fernando, que no solo había encontrado a una esposa, sino también a un hijo.

—Tienes que casarte con mi niña y hacerte cargo del bebé —repetía su padre con firmeza—, como lo haría un verdadero hombre —dijo—. Tú eres el único responsable por haberla dejado sola tanto tiempo.

Fernando, al verlo tan exaltado le rogó que se tranquilizara.

Él se haría cargo del niño y de Dulce María. No por obligación sino porque ella era la mujer que amaba, añadió.

Desconcertada Dulce María, sin dar crédito a las barbaridades de uno y de otro, dijo:

—Dejad de jugar conmigo como si fuera una marioneta sin alma, ni corazón; la que no siente.

»He dejado claro desde un principio que este niño ya tiene padre y no necesita otro.

Y en un impulso de ira, se abalanzó sobre su padre golpeándole en el pecho, mientras decía:

—Devuélveme al padre de mi hijo. No te das cuenta de que todo el mal que le haces a él repercute sobre tu propia hija.

La madre la tomó del brazo para tranquilizarla y la llevó al dormitorio a descansar. Fernando continuó en el salón hablando con el padre de Dulce María; ultimando los detalles de la boda.

En el dormitorio, Dulce María estaba notablemente nerviosa; decía a su madre:

—¡No voy a casarme con Fernando! Lo haría desgraciado y solo quiero que él sea feliz con otra mujer que pueda darle el amor que yo no he podido.

Después de todo lo vivido, Dulce María necesitaba pensar y buscar una solución a su encrucijada. En su desesperación e intento por acabar con su cautiverio, pensó en contactar con los enemigos acérrimos del régimen.
Tenía claro que necesitaba ayuda y que solo los estadounidenses podían proporcionársela a cambio de conocer los trapos sucios del gobierno. Y decidida a proponerles un trato llegó hasta ellos, quienes mostraron mucho interés en escucharla y aceptar sus condiciones desde el primer contacto.
—Ayuda a cambio de secretos de Estado. —Fueron claros con ella.
Era peligrosa la jugada, pero también su última carta, aunque la culparan de traición a la patria... Pero era lo único que podía hacer para salvar a Heberto de las garras del régimen y no solo a él, también al grupo de valientes que junto a Heberto habían dado todo por defender lo que consideraban justo.

***

En la ciudad había hogares con antenas ilegales instaladas para sintonizar las emisoras de la prensa independiente. Emisoras que transmitían informaciones sobre presos políticos. Estaban prohibidas en todo el país y quienes se arriesgaban o hacían caso omiso, recibían drásticos castigos, como ser desalojado de su propia casa. Era uno de los peores castigos por la dramática situación que se vivía en el país, por la falta de vivienda: dejar en la calle a miles de familias, a quienes culpaban del mismo delito cometido de algunos de sus miembros.

Aun así, los más valientes en la intimidad de su habitación a altas horas de la madrugada, la sintonizaban para enterarse de lo que ocurría con sus familiares apresados. Seguían paso a paso la huelga de hambre llevada a cabo por algunos disidentes, que dejaron de comer y beber, hasta entrar en un somnoliento sueño y abandonar su cuerpo.

.

***

Gracias a la buena labor del movimiento de las Damas de Negro, formado por madres, novias y esposas de presos políticos, la prensa internacional continuaba quejándose por las torturas a civiles y acusando al régimen de sanguinario. Algunos presos estaban cumpliendo condena de treinta años de prisión solo por haber expresado al pueblo sus preferencias políticas en presencia de los comités vecinales, los que a su vez denunciaban las acciones ante las autoridades. Civiles que eran acusados de arremeter en contra de los principios de la Revolución.

La valentía de las madres unidas dio sus frutos. Llegaban tocando las puertas de los hogares y todos en los barrios escucharon sus voces, pidiendo clemencia para sus hijos y esposos; estos que esperaban impacientes que un milagro los librara de las torturas. Fueron pequeños logros, pero los suficientes para hacerse notar y conseguir que los representara un equipo de abogados de Naciones Unidas, dándoles la oportunidad a esos jóvenes de vivir de nuevo en libertad.

La unión de Dulce María con los estadounidenses fue un acierto para ella, porque ahora se sentía representada y protegida por ellos. Aunque temía que las cosas se salieran de sus manos y la pudieran acusar de espía. Solo la animaba saber que ayudaría al padre de su hijo a recuperar su libertad. Soñaba con que algunas de sus cartas hubieran llegado a su mano, porque de lo contrario, Heberto estaría pensando que ella lo había abandonado y no había cumplido con la promesa que le había hecho.

***

La prensa internacional no dejaba de hablar de la difícil situación que se estaba viviendo en el país y la presión mediática en todo el mundo hizo que los países amigos del régimen, intercedieran ante el comandante para que cediera a algunas de las peticiones solicitadas y con ello acallar la prensa mundial, en beneficio de todos… con la intención de calmar el polvorín que se había desatado a nivel internacional y que afectaba a sus aliados, por la amistad con sus dirigentes y ayudas al régimen.
Fueron muchos los países que se unieron en contra del gobierno, intentando llegar a algún tipo de acuerdos que favoreciera a los presos políticos. Como una amnistía a cambio de grandes sumas de dinero para obligar al régimen a firmar una tregua humanitaria. Un triunfo que celebraban las Damas de Negro con júbilo, al creer que sus hijos estaban cada vez más cerca de la libertad.
Al Gobierno le importaba mucho la imagen del país y pretendía tapar el sol con un dedo ante la opinión internacional, cuando afirmaba que en su país se respetaban los derechos humanos. Esta

confesión era avalada ante todo el mundo por escritores de renombre, futbolistas a nivel mundial y grandes estrellas de la música internacional que daban autenticidad a su comunicado. Pero las Damas de Negro continuaban denunciando alto y claro los atropellos que se cometían con los ciudadanos. Y nada ni nadie las callaba al decir:

—A toda esa panda de famosos que llegan a la isla, el Gobierno los trata como auténticos reyes, disfrutan de lujos y mujeres a su merced, sin importarles el sufrimiento de un pueblo abatido y hambriento, al que les niegan el uso y disfrute de sus propios recursos naturales.

» Ellos no conocen el sufrimiento ni el hambre porque todo lo tenían exonerado por el Gobierno. Hasta la maldad —decían—. Eran los intocables, sus amigotes, a los que alojaban en suntuosas casas ubicadas en la Quinta Avenida; casas que fueron expropiadas a cientos de ciudadanos que durante años habían trabajado duro para hacer un patrimonio, que eran dueños de tabacaleras y grandes industrias de refinerías y fueron expulsados del país por el Gobierno, años más tarde de su llegada al poder. Tuvieron que largarse para salvar sus vidas.

Así, lo expresaban las Damas de Negro a los periodistas de renombre que llegaron al país, en busca de material que desmontara o reforzara las declaraciones hechas directamente por el Gobierno o a través de los lambones que visitaban la isla y después contaminaban al mundo con falacias y ficción, cuando decían que habían estado en el paraíso. Sin embargo, se olvidaban de decir que el paraíso del que hablaban estaba solo al alcance de unos cuantos privilegiados y no del pueblo, que nadaba contra corriente.

Las Damas de Negro gritaron al mundo su verdad sin miedo a

desenmascarar a los culpables del sometimiento.

***

Las acciones encabezadas por el grupo de mujeres resentidas con el Gobierno, peldaño a peldaño hacían mella en el mundo. Rosario en manos como única arma, llevaban sus protestas por el país; consiguiendo que la mayoría de los jóvenes apresados junto a Heberto volvieran a ver la luz del día. Aunque, desgraciadamente no todos los que entraron con vida iban a poder salir por sus propios pies. Algunos no resistieron la huelga de hambre que voluntariamente llevaron a cabo. Estaban convencidos de que con su muerte ayudarían a todo un país a salir del calvario que vivían, despidiéndose del mundo en la más absoluta soledad.

Para la madre de Heberto y demás mujeres luchadoras había llegado el gran día, después de varios juicios exprés, llevados a cabo con abogados internacionales como defensa: el día de ver salir de aquel infierno a sus hijos.
Esperaban sus salidas ansiosas a la puerta de la cárcel, con pancartas escritas con el nombre de sus hijos y unos pañuelos verdes que cubría sus cabezas. En las pancartas destacaban las virtudes de todos esos héroes ejemplarizantes.

Se sentían fuertes heroínas como sus hijos, al haber conseguido con sus protestas pacíficas en todas las calles del país, que el mundo las escuchara. Mostraban su dolor; físico y mental a través de su cuerpo. Este que hablaba por sí solo, después de los palos y empujones que habían aguantado durante meses a manos del régimen, cuando intentaban dispersar la multitud usando su violencia.

—Pero todo había valido la pena —decían orgullosas de

sus acciones.

Celebraban en la calle su triunfo y se sentían importantes para ayudar a su país en la lucha por sus derechos.

***

Había un gran revuelo a la puerta de la cárcel, donde los familiares y periodistas que habían viajado para cubrir la noticia de los presos políticos esperaban ansiosos su salida para conocer de primera mano sus testimonios y el número de muertos a causa de la huelga de hambre.

La muerte de muchos de esos jóvenes disidentes había sido la causa del revuelo internacional. Porque habían dado su vida a cambio de llamar la atención del mundo en beneficio de su país y merecían ser recordados.
Embajadores y representantes consulares de diferentes países que colaboraron en el canje
—dinero por personas— estuvieron presentes y preparados para ayudar en lo que fuera necesario. Antes de salir de sus celdas, los obligaron a asearse, cortaron su pelo y arreglaron sus barbas para darles un aspecto saludable y de higiene.

Heberto y sus compañeros esperaban inquietos porque vinieran a abrir sus celdas; al fin, su ansiada libertad. Caminar por sus calles, ver la luz del día o dar un abrazo a los suyos eran sus mayores deseos en esos momentos.

***

A varios del grupo los llevaron directamente al hospital, porque no podían apenas sostenerse en pie debido a la desnutrición. Los más fuertes como Heberto salieron sin ayuda de nadie, aunque en su cuerpo había cansancio y en su rostro mucha pena por haber dejado en el cementerio a varios de sus amigos de lucha.

La madre de Heberto, histérica, esperaba su salida; sus manos temblaban y su rostro palidecía, pero sus ojos brillaban de orgullo por no haberse dado por vencida y haber luchado por su hijo.

—¡Vivo y coleando!, Dios me ha devuelto a mi hijo —decía orgullosa.

Cuando la puerta corredera se abría, miraba sin pestañear a lo lejos en espera de verle asomarse. Entonces, divisó su rostro a lo lejos y corrió hacia él, saltando la valla de seguridad para abrazarlo, mientras él reía de gozo al verla.

A pesar de tanto desconcierto, él notaba en ella la mirada triunfal de una madre que con tesón y sin cesar había luchado junto a otras para conseguir su objetivo.

—Alzaron su voz al mundo y el mundo las escuchó —reía orgulloso su hijo, convencido de que en la unión de esfuerzos estaba el progreso como único camino al éxito.

Todos partieron felices a sus respectivas casas en busca de paz, dejando atrás el terror que habían padecido, y con la intención de olvidar el pasado y comenzar un presente esperanzador. Aunque para muchos de ellos, la experiencia solo sirvió para reafirmar contundentemente su causa de conseguir una democracia absoluta.

A la madre de Heberto todo ese tiempo le había valido para darse cuenta que solo había un camino: luchar con palabras y colocar en el mapa a su país, para que el mundo a través del espejo pudiese observar las dificultades e injusticias por las que tantas personas atravesaban día tras día, donde las familias no llegaban a fin de mes, porque la cartilla de la miseria que les asignaban para comer no era suficiente para subsistir durante ese tiempo, agravado por los bajos sueldos que percibían los trabajadores, a los que apenas les daba para comprar ropa y productos de higiene para el hogar.

 Después de un largo día de carretera, Heberto volvió a casa junto a sus padres; al llegar, lo primero que hizo fue salir al patio para sentir la mirada de los Mogotes del Valle, que tantos días había extrañado. Entre ellos había forjado sus sueños y recuerdos de infancia, donde siempre encontraba la paz que le había ayudado a soñar con un futuro mejor.

Estaba expectante por volver a recorrer los caminos por los que tantas veces había pasado y recuperar la naturaleza que un día le había pertenecido y que había formado parte de su niñez y adolescencia; era todo lo que deseaba en ese momento.

Respirar el aire puro y sentir en su piel los momentos de glorias y tristezas que marcaron su adolescencia. Todo aquello le obligaba a revivir momentos de pasión junto a su primer amor. Pero también sus tristezas, cuando lo dejó como a un trapo viejo, sin importarle sus sentimientos.

 Su cabeza estaba hecha un lío entre tantos recuerdos y sentimientos encontrados. Porque la sombra de aquella mujer le perseguía, haciendo de él lo que quería a su antojo. A pesar de los años que habían pasado, no se sentía con fuerzas para rechazarla y despojarse de ese sentimiento de luto que lo perseguía y que no lograba arrancar de su alma. Un sentimiento que lo había sumergido durante mucho tiempo bajo la sombra de sus recuerdos. Aunque ya no había resentimientos por su parte. La perdonó al comprender su vida y responsabilidades.

A pesar de la alegría por estar de nuevo junto a los suyos, los días de bajón llegaron y en ocasiones tocaba fondo al recordar a los compañeros que habían caído luchando por su pueblo. Porque aún no era capaz de admitir que su lucha y todas esas muertes no hubieran valido de nada.
Miraba a su alrededor y el país seguía igual o peor; sin embargo, muchos de sus compañeros de prisión habían bajado a las cloacas de los infiernos, donde aún permanecían. Pero él, ante tantas adversidades intentaba mantener la calma, consciente de que la exasperación no iba a devolverle su paz. Y se repetía para tranquilizarse:
—Mente fría y corazón sereno para mantenerme a flote en travesías turbulentas.
El volver a su entorno y disfrutar la vida con solo contemplar la naturaleza le hacía conectar su interior. Solo de ver un gorrión en libertad levitaba de placer, mientras veía cada uno de sus recuerdos pasar frente a él.
Pudo sentirse renacer lleno de recuerdos buenos y malos, como los de su primer amor, que habitaban en cada paso que daba. Porque ella reinaba en sus recuerdos como una diosa. La mujer que aparecía y desaparecía para acariciar su espalda con las manos que tantas veces besó y apretó entre su pecho.
La mujer que le había enseñado a amar y también a valorar otros amores por el encima del sentimiento pasional. Quien le había enseñado que se puede amar de diferentes maneras, ninguna de ellas más importante que otra. Si esa es tu decisión.

***

El padre de Heberto se había gastado todos los recursos económicos con los que contaba, sobornando a policías y chivatos en la ciudad para conseguir favores. Aunque la solidaridad de sus amigos en el pueblo era innegable y se habían volcado en ayudarlo para que no perdiera su cosecha, la que la había abandonado todo el tiempo que había durado el calvario de su hijo. Ellos eran conscientes de la situación y de sus continuos viajes a La Habana.

Había llegado el momento de cortar las hojas del tabaco o del oro en bruto, como decía el padre de Heberto, ansioso y feliz de que su hijo estuviera de vuelta en su casa. Parecía que las aguas volvían a su cauce. La vida debía continuar para todos y todos en el pueblo los ayudaron a olvidar las pesadillas que les había tocado vivir durante todo ese tiempo.

Una mañana su padre se despertó muy temprano para ir al campo, su hijo ya estaba despierto en la cocina colando café. Al ver a su padre preparado para salir, se ofreció a acompañarlo a cortar las hojas de tabaco. Para Heberto siempre había sido una diversión y necesitaba sentirse ocupado para cicatrizar sus heridas lo más pronto posible.

Su padre se emocionó al escuchar que su hijo deseaba acompañarlo como cuando era un niño. Entonces, le dio unas palmaditas en el hombro sintiéndose bendecido y orgulloso.

—Será una jornada inolvidable, hijo.

Se dirigieron a las plantaciones y, antes de comenzar a cortar la hoja, su padre le explicó con detalles cómo debía hacerlo para córtalas en forma de *V* invertida, para después colocarla de forma fácil en su brazo, con el fin de sujetar la mayor cantidad, antes de llevarlas a los paneles de secado. Heberto sonrió al escucharlo y le dijo…

—Eso ya lo sé papá. Aún no lo he olvidado.

Juntos cortaban las hojas a muy buen ritmo, llenando el brazo desde el hombro hasta los dedos. Su padre sonreía al verlo feliz.

—Hacemos un gran trabajo —le dijo orgulloso su padre mientras caminaba a la cabaña que había construido muy cerca de las plantaciones para secar las hojas.

A pesar del agrado que sentía Heberto por compartir esos momentos con su padre, se mostraba en ocasiones inquieto. Porque comenzó a sentir ojos detrás de él. Una sombra que perseguía sus pasos.

***

Después de más de un mes en la tranquilidad de su hogar Heberto volvía a sentir como los tentáculos del régimen político lo avasallaban. No quería dar importancia a lo sucedido, pensaba que era solo paranoia e intentaba calmar sus miedos. Pero seguía viéndolas a su alrededor y no solo a él, sino también acechando a sus padres cuando salían de la casa.

Su estado de nervios empeoró, porque en ninguna circunstancia quería que sus padres sufrieran más las consecuencias de sus actos. Y decidió no comentar nada de lo que sucedía… Pero entendía que había llegado el momento de volver a partir y alejarse de ellos, para evitar que fueran maltratados por su culpa. Convencido se mostraba Heberto una semana antes de abandonar de nuevo su hogar.

LILIAN NUÑEZ

El momento de volver a partir

La noche anterior a su marcha, acompañado por una luna llena que brillaba intensamente, compartió en la terraza de su hogar junto a sus padres y vecinos, chistes y risas hasta altas horas de la madrugada. Después de varias horas de diversión, cansados y con ganas de irse a dormir despidieron a los vecinos, cerraron su puerta y se marcharon a la cama a descansar. Al día siguiente lo esperaba otro día duro de trabajo en el campo.

    Esa noche al irse a la cama, Heberto se mostró melancólico con sus padres, los abrazó y besó con ternura para demostrarles el amor que sentía por ellos.

Su madre sorprendida con su actitud, lo miró a los ojos, él sostuvo su mirada unos minutos ante ella y después no pudo mantenerla, al sentir como ella leía cada uno de sus pensamientos.

    Entonces ella asumió y aceptó todo lo que veía en sus ojos, se acercó más a él para hacerle la señal de la cruz en la frente. Y dos horas más tardes, pasada las cuatro de la madrugada, Heberto cogió una mochila con poca ropa y partió de la casa, dejando un mensaje en la mesa de la cocina para sus padres...

    «Siento un vacío en mi alma por la decisión que voy a tomar, pero no tengo otra alternativa».

Mientras se alejaba, su madre desde la ventana y en silencio lo seguía con la mirada, invocando a todos los santos para que lo acompañaran en su viaje.

Y casi al amanecer, llegó a la ciudad de Pinar del Río, donde se detuvo un momento para tomar un café en las ranchetas que había en las calles, donde paraban los camioneros para alegrar el día.

Los propietarios de esas ranchetas trabajaban de sol a sol para ofrecer los mejores platos y bebidas de la región a los turistas y a los oriundos. Y para obtener el permiso de trabajo, debían de aceptar primero un control exhaustivo de lo facturado en el día.

Mientras tomaba el café, le preguntó al matrimonio que regentaba el puesto si sabían a qué distancia estaba la estación de autobuses a La Habana.

La señora Minerva sacó debajo del mostrador un mapa para explicarle con detalle dónde estaba. Después de explicarle con agrado, le dijo:

—Joven, ¿por qué su cara luce desencajada?

Y él le contestó:

—Llevo más de dos horas caminando en busca de la estación. Y me siento agotado.

—Entonces no te preocupes, te queda menos para llegar —le dijo ella—. ¡Ve con los santos, hijo! Te deseo serenidad y sosiego en todo lo que hagas —le dijo, mostrándole su amabilidad y disposición.

Él con la misma dulzura le contestó:

—Gracias por sus deseos, señora Minerva.

—Espero que tengas un buen viaje y encuentres lo que buscas —añadió ella.

Después, Heberto pagó su café y continuó su camino hasta la estación.

Durante el camino iba pensando en todo lo que dejaba atrás, pero estaba decidido y convencido de que debía de continuar sin mirar atrás…

***

Al llegar a la estación se dirigió a la taquilla para comprar el boleto, pero unos metros antes de llegar a la ventanilla no podía creer a quien veían sus ojos, durmiendo en un banco de la estación. Se acercó para asegurarse de que era él, su gran amigo; su amigo del alma —Joshua, quien había hecho un largo viaje en busca de su socio.
Joshua estaba al tanto de las noticias de su amigo y de todos sus pasos, era conocedor de su libertad desde hacía un mes.
 Heberto lo tocó despacio con las manos y pronunciaba muy bajito su nombre. Joshua abrió los ojos exaltado con el sonido de su voz, pues no podía imaginar que tenía a su amigo frente a él. Frotaba sus ojos para asegurarse de que no era un sueño, sino un milagro hecho realidad.
Verle allí junto a él y que lo hubiera reconocido con el disfraz que llevaba para despistar, era algo inimaginable, porque lucía muy diferente vestido de mujer. Pero Heberto, al mirar detenidamente su rostro, no tuvo dudas.

***

El encuentro entre ellos después de tanto tiempo sin saber nada el uno del otro fue mágico. Se abrazaron con entusiasmo por volver a encontrarse.

Joshua le repetía:

—¡Mi hermano, al fin puedo verte y volver a estar junto a ti!

Se tomaron un tiempo entre abrazos y risas, pero al cabo de una media hora tuvieron que subir al bus que los llevaría a La Habana.

Joshua irradiaba felicidad de haber encontrado a su gran carnal, por el que se había arriesgado a viajar hasta Pinar del Río, desafiando a los militares del régimen que abordaban los autobuses en busca de prófugos y de los alimentos que los guajiros transportaban del campo a la ciudad. Tenían tantas cosas de que hablar que aprovecharon todo el trayecto para contarse todas sus vivencias de los últimos meses.

Joshua le contó lo angustiado que había estado cuando fue a buscarlo a su casa y la encontró revuelta; creyó que había muerto en manos de la Revolución. Pero indagando entre los compañeros que habían escapado como él, y siguiendo el revuelo de las Damas de Negro por las calles descubrió que estaba vivo, al ver su nombre junto a una foto suya en una de las pancartas que portaban las mujeres.

—¡Los santos nos volvieron a juntar, amigo! —le decía emocionado a Heberto…

Joshua lo puso al día de los acontecimientos, mientras había estado en prisión. También le contó su particular travesía y cómo tuvo que esconderse todo ese tiempo, alejándose de la vida social para evitar ser capturado. Y agradeció a todos sus santos por la suerte que había tenido al poder escapar de las garras del mal —como decía—. Pero por otra parte se sentía como un traidor. Y era uno de los motivos por los que había viajado hasta su pueblo, con la esperanza de encontrarlo en casa de sus padres.

—Entonces… —le dijo—. Amigo, quiero contarte algo, pero no quiero que me juzgues porque va en contra de todo lo que predicamos y por lo que luchamos. Voy a abandonar el país para olvidarme de esta pesadilla. Me iré lejos para empezar una vida nueva, llena de proyectos, que me haga olvidar por completo lo que he vivido en mi propia tierra.

»Cuando esté lejos, no quiero volver a escuchar el nombre del país que me vio nacer. Pero no podía marcharme sin antes pedirte perdón mirándote a los ojos. Es mi obligación hacerlo, por la admiración y el respeto que siento por ti.

***

Muy afectado se mostró Joshua, mientras le comunicaba su decisión y no dejaba de disculparse con «su socio», como le llamaba a Heberto.

—Aún, no me explico cómo pude escapar de las garras del régimen, si ya estaba fichado por los comités —se preguntaba Joshua. Sus ojos se iluminaron dejando escapar sus lágrimas. Y continuó contando su verdad a su amigo Heberto—: Aproveché la ausencia de mi hermana para usurpar su lugar y disfrazarme de mujer, cuando ella decidió surcar los mares en una balsa junto a otros compatriotas, hartos y desesperados de tanto padecer. Y gracias a todos los santos mi hermana llegó sana y salva, después de una dura travesía… Hoy se encuentra en la Florida, donde vive cómodamente aferrada a otra bandera, intentando construir un nuevo hogar.

Y añadió:

—Mi hermana me rogó que huyera junto a ella..., que salvara también mi vida.

Heberto reaccionó con tristeza al escucharlo. No entendía, el por qué la mayoría de los jóvenes preferían huir del país, antes de luchar desde adentro para cambiar la situación política que los arrastraba.

Joshua y su hermana eran como uña y carne desde que perdieron a sus padres, no contaban con más familia en el mundo, y aun sabiendo el sufrimiento que le producía a su hermana que él le dijera que no, tuvo que hacerlo, porque su prioridad era conocer el desenlace sobre el cautiverio de su amigo.
Nunca perdió la esperanza de verlo salir con vida de aquel infierno y más fuerte de como entró.

También Joshua tenía un mensaje de una persona especial para Heberto, y le habló de Dulce María, para contarle con detalle todo lo que ella había padecido intentando llegar a él, y lo desesperada que había estado todo ese tiempo, hasta al punto de enloquecer por no saber a dónde lo tenían detenido.

—A ella la tenían vigilada noche y día y fue muy difícil burlar o escapar de las miradas de la escolta de vigilancia.
Heberto, al escucharlo hablar de Dulce María, se fortaleció, pero no pudo reprimir sus lágrimas que se manifestaban en forma de manantial a través de sus ojos. Porque la había echado mucho de menos todo ese tiempo y no entendía el porqué de su ausencia.

***

Felicidad y regocijo sintió él, al escuchar en boca de su amigo que ella había hecho todo lo posible por estar con él mientras estuvo privado de libertad. Joshua aprovechó esos momentos de confesiones y emociones encontradas entre ellos, para decirle la verdadera razón de su búsqueda. Su intención era convencerlo para que partiera junto a él y a otras veinte personas más a otro país, en busca de ese futuro que en el suyo le negaba.

Joshua y sus amigos llevaban metidos en la selva más de treinta días construyendo con ilusión la balsa de la libertad. La que los llevaría rumbo a la Florida. Cuando comenzó a contarle todos los pormenores sobre su partida, Heberto se mostró sorprendido de todo aquello que le proponía, porque Joshua, al igual que él, creía en la importancia de luchar desde adentro para cambiar el rumbo del país, y siempre tuvo claro que lo último que haría en la vida era huir como una rata.

Heberto estaba desconcertado por no saber quién lo había convencido para que se arriesgara a perder su vida a bordo de una balsa. Mientras, Joshua continuaba intentando convencerlo de que era la única oportunidad de salvar su vida y la razón primordial por la que había ido en su búsqueda. Y que no podía marcharse del país sin antes hacerle saber sus planes, además de rogarle las veces que fuera necesario que valorara la oportunidad que le daban los santos de abandonar el país, a través de las aguas.

Y con profundas y firmes palabras, Joshua intentaba convencerlo:

—Amigo mío, necesitas vivir para ayudarnos y ejemplarizarnos con tu valentía y tu forma de actuar. Allá donde vayas seguirás luchando por la libertad de este pueblo que tanto amas. Pero ahora más que nunca debes escucharme, porque no solo debes de hacerlo por salvar tu vida… sino la de otras personas…

»Prefiero callarme —de repente dijo Joshua—. No soy quién para darte una noticia de tanto peso —añadió.

Sorprendido Heberto lo miró y dijo:

—¡Joshua! Por qué no hablas con claridad…, no logro entenderte.

—¡No te preocupes, muy pronto lo sabrás! —le contestó Joshua.

***

Antes de salir de la estación de autobuses en Pinar del Río, llamaron a una persona del grupo para que los recogiera al llegar y los transportara hasta la selva donde Joshua se escondía junto al resto de personas que los acompañaban. Ahí esperaban impacientes a que terminaran la construcción de la balsa que los llevaría hasta la libertad. A pocos kilómetros de La Habana fueron interceptado por varios militares que pretendían inspeccionar el bus en busca de víveres y frutas que transportaban los guajiros para vender en la ciudad.

Cuando el conductor paró el bus para inspeccionar, pensaron que serían descubiertos, pero se hicieron pasar por una pareja que venía a la ciudad a visitar a parientes. Ejecutaron el plan que previamente habían preparado por si algo así sucedía. Siempre intentando adelantarse a los acontecimientos.

A muchos de los pasajeros les requisaron los bolsos, que iban cargados de aguacates y productos de la huerta. Sin embargo, los dos amigos pasaron desapercibidos por los militares y pudieron respirar de nuevo.

Cuando llegaron a la estación de La Habana, Joshua vio de lejos a su amigo que lo esperaba impaciente para sacarlos de inmediato de ahí. Ni siquiera hubo presentaciones, solo subieron en su moto y los tres partieron rumbo a la selva, cubriéndose el rostro con casco protector.

***

Al tercer día de estar en la selva, ya Heberto estaba integrado en el grupo, aunque no convencido de seguir a su amigo Joshua en su travesía, pero sí entendiendo su postura e incluso haciéndole saber que estaba de acuerdo con su decisión. Su hermana era la única familia que le quedaba en el mundo y vivía en la Florida. Entonces, él mismo lo animó a hacerlo sin remordimientos ni preocupaciones.

Heberto era consciente de que debía organizar su vida y su futuro, pero lo haría desde adentro. Entonces, Joshua le pidió que al menos lo pensara, que se tomara unos cuantos días para decidir qué hacer.

—Espero que tu decisión no demore, socio. Solo hay un lugar disponible para ti. Todos en el grupo te respetan, porque saben quién eres y lo que has pasado por defender tu país.

»Ese asiento en la balsa está muy cotizado, por el que muchas personas lo pagarían a precio de oro.

***

La construcción de la balsa llevaba varios días de retrasos, debido a los aguaceros y a la falta de material. El capitán sugirió a un voluntario para salir a comprarlo. Entonces, Joshua se ofreció ir por los materiales. Él ya sabía cómo burlar a los militares…, unas veces salía disfrazado como si fuera su hermana y otras veces salía como una anciana. Se despidió de Heberto rogándole que pensara en todo lo que habían hablado y aprovechó la noche para salir sin ser visto.

Antes de marcharse a Pinar del Río, en busca de su amigo, Joshua había compartido con Dulce María sus planes y le juró que no volvía a la capital hasta no encontrar a su socio. Así que días tras días, ella estuvo rondando su casa hasta que él apareciera por allí y le trajera noticias de Heberto…

Pasaban los días y Dulce María se impacientaba al no tener noticias de Joshua, quien le había prometido traer noticias de Heberto. Entonces, decidió dejarle una carta debajo de la puerta por si volvía a la casa y ella no lo veía. Para que él le dejara la información escrita en un papel enterrado en la maceta de flores de la terraza.

Esa noche tampoco pudo verlo, pero al día siguiente muy temprano se acercó de nuevo en su búsqueda porque algo le decía que estaba ahí. Llegó muy temprano y bordeó toda la casa en busca de algún movimiento dentro, y se percató de una luz encendida. Entonces, fue por la parte trasera a tocar muy despacio para evitar que los vecinos escucharan, aunque Joshua le había comentado que sus vecinos eran personas muy mayores y sordomudos.

Cuando Joshua escuchó que alguien tocaba la puerta, miró a través de la rejilla y pudo ver a Dulce María. Ella no esperó ni a saludar y entró de inmediato. Nerviosa le preguntó:

—¿Qué noticias trae de Heberto?

Entonces, él le contó toda la historia de cómo se habían encontrado.

Ella sollozaba de la emoción cuando le dijo que Heberto estaba bien, solo que había perdido unas cuantas libras de peso. También le contó dónde se encontraba y que él estaba intentando convencerlo para que saliera del país junto a él y otro grupo de personas, que llevaban más de un mes viviendo en la selva, en espera de la finalización de la balsa que les devolvería su libertad.

***

Joshua vio en ella a una aliada importante para convencer a su amigo.

Dulce María lloraba y le rogaba que la llevara con él de inmediato, porque no aguantaba las ganas de poder al fin abrazarlo y darle la oportunidad de conocer a su hija.

—Al fin los tres juntos —dijo—. Como una familia.

—Tienes que ser paciente —le dijo Joshua—, es muy peligroso y, si la policía nos siguiera, todos correremos peligro y el más perjudicado podría ser Heberto.

Entonces, volvió a rogarle que se tranquilizara para no poder en peligro tan ansiada travesía para todas esas personas.

—No te preocupes por mí Joshua —lo tranquilizó ella.

»Llevo viviendo con Fernando casi cinco meses desde que mis padres me hicieron casar con él y ahora nadie me persigue.

»He estado fingiendo ser la esposa ejemplar para que mi papá dejara de perseguirme. Llevo esperando mucho tiempo este gran día…, correr junto a Heberto.

»La vida nos ha robado mucho a los dos, pero sobre todo a su hija que no ha podido estar con su padre el día de su nacimiento, sino al lado de otro hombre que le han impuesto como padre. Nos merecemos una vida juntos y voy a luchar por ello.

»Iremos a donde nadie pueda hacernos daño, lejos de tanta corrupción y violencia. Y debe de ser rápido… ¡Ya!

»Aunque debo confesarte algo muy grave: estoy metida en un gran problema y si llegaran a descubrirme me acusarán de espía y traición a la patria. Tú muy bien sabes qué significa eso —le dijo a su amigo Joshua.

»Vendí información e imágenes del Estado y su comandante a los yanquis; aprovechando la confianza que la familia del comandante tenía con la mía, en una de sus celebraciones especiales saqué imágenes de toda la familia. Utilicé todo tipo de aparatos tecnológicos, como bolígrafos y diademas que llevaba en el pelo y un montón de artilugios con microcámaras que jamás había visto, pero que eran muy fáciles de utilizar. Además, les entregué una carpeta de información clasificada que sustraje de la caja fuerte de mi padre. Lo arriesgué todo a cambio de un trato de favor para Heberto.

Joshua se asustó al escucharla decir todo aquello, conocía quizás más que ella el riesgo al que se había expuesto al aceptar el trato. Entonces, sacó del bolsillo un mapa y trazó la mejor ruta de llegada para ella, aparte de recomendarle la mejor hora para penetrar en la selva sin ser vista por los policías o guardias del bosque.

Con la explicación le dejó bien marcado los detalles en el mapa y se lo entregó para que lo utilizara como guía. Aunque ella le dijo que no era necesario llevar el mapa, porque contaba con una pequeña brújula que su padre le había regalado cuando cumplió

dieciséis años y aún la conservaba. Y dijo:
—Cuando me la regalaron me pareció un aparato inservible y la abandoné en un cajón mucho tiempo, jamás pensé que me serviría de tanto. —Sonreía.
«¡Ha llegado la hora de ejercer tu función!», pensó.
—Tú me llevarás junto al amor de mi vida —dijo mientras reía ante Joshua.
Él le suplicó que tuviera precaución, porque podría echar por tierra el trabajo presente y el futuro de muchas personas.
—¡No te preocupes por mí, amigo mío! —le dijo—. Fernando ha viajado a Santiago de Cuba una semana y voy a provechar su ausencia para salir de la casa y verme con Heberto.
Se despidieron y Joshua le seguía diciendo:
—Recuerda todo lo que te he dicho: mucha precaución, la selva es peligrosa, con el eximente que tendrás que hacerlo por la noche —la advirtió.
Ella con seguridad, dijo:
—No tengo miedo a nada de lo que me pueda pasar y estoy dispuesta a afrontar lo que en mi camino se cruce, si me impidiera llegar hasta él.

***

Dulce María, salió de la casa de Joshua para recoger a la niña que estaba en casa de sus abuelos y después iría a la suya a preparar su plan de salida, sentía que cada vez estaba más cerca de conseguirlo.

Llegó a la casa de su madre con una hermosa sonrisa. Su madre, sorprendida al verla tan sonriente y feliz, le dijo:

—Qué hermosa te ves, hay una luz en tu rostro que hoy brilla diferente. Al fin has recapacitado hija y te has convertido en toda un ama de casa que cuida de su familia. Lo veo en tus ojos —le dijo.

Ella sonrió y recogió todas las pertenencias de la niña que había dejado en la casa de la madre y se despidió de ella con picardía. Se sentía flotar... porque al fin, se encontraría de nuevo con el hombre a quien había jurado que seguiría hasta el fin del mundo.

***

Unas horas más tarde Joshua cogió la camioneta en la que había llegado hasta su casa para ir en busca del material necesario que les habían encomendado los compañeros.

Dulce María ya se encontraba de camino a la casa de su amiga Niurka, quien se extrañó de verla llegar junto a su hija Amanda y fue corriendo a recibirla y ayudarle con las bolsas que traía. Dulce María lucía nerviosa y le pidió que se metieran dentro de la casa de inmediato porque debía contarle algo urgente.

Niurka se asustó y le preguntó:
—¿Qué te pasa, amiga?, cuéntamelo de una vez.

Entonces, Dulce María sacó a la niña del cuquito donde la llevaba y la puso en brazos de su amiga Niurka. Después le dijo:
—Necesito que la cuides como si fueras su madre. Debo hacer una salida urgente esta noche y no quiero exponerla a ningún peligro, antes de saber con certeza que encontraré a quien voy a buscar.

Niurka cogió la niña en sus brazos y la abrazó jurándole a su madre protegerla como si fuera su hija.

Dulce María le entregó todo lo que llevaba de la niña, sobre todo su comida para que no le faltara nada durante un tiempo prudencial, aunque sabía que no podía estar ausente más de siete días. Debía ejecutar su plan antes de que llegara Fernando a la casa.

Le suplicó a Niurka que no dijera a nadie que su hija estaba en su casa y que no la expusiera a que algún vecino pudiera verla y comenzara con habladurías.

Antes de marcharse le dijo exasperada:

—Cuídamela mucho por favor. No quiero contarte más para no comprometerte ¡No es desconfianza! —le dijo a su amiga.

Dulce María llevaba una vestimenta militar con botas altas con alambres de púas, que hizo sospechar a Niurka que se dirigía a algún lugar alejado de la ciudad. Quizás a encontrarse con Heberto. Y con rostro entristecido por no saber con certeza a lo que se enfrentaba su amiga, le dijo desde la puerta:

—Vete tranquila adonde quiera que vayas. Aquí te esperaremos tu hija y yo.

Se abrazaron de nuevo y Dulce María salió de la casa sin mirar atrás. Se montó en su auto rumbo a la selva en busca de su amor. Dispuesta a todo.

Llegó hasta el punto de entrada siguiendo las directrices del mapa que le había entregado su amigo Joshua, pero también ayudada por su pequeña brújula. Después de haber recorrido unos kilómetros en su auto, adentrándose en la selva, llegó hasta un punto en que era imposible continuar debido a las tupidas malezas y piedras de gran tamaño en el camino. Entonces aparcó el auto, al darse cuenta de que estaba en el lugar exacto donde debía dejarlo. Donde le había puntualizado su amigo. Lo dejó lo más escondido posible cubierto con ramas y hojas secas. Después de terminar de camuflar el auto, sin pensarlo dos veces prosiguió con su plan siguiendo la ruta marcada.

Cogió la mochila del asiento trasero y se la colocó en la espalda, llevaba solo lo necesario para evitar que el peso pudiera aligerar su paso. Caminó en la dirección que marcaba su brújula y siguiendo los pañuelos rojos que colgaban de las ramas y que apenas podía distinguir en la oscuridad; pañuelos que había colocado intencionadamente el líder del grupo para que no se extraviaran los compañeros cuando salían a comprar comida o materiales de construcción.

A pesar de la valentía con la que ella misma se consolaba, era inevitable no sentir miedo, pero no estaba dispuesta a dejarse vencer, sus deseos de llegar hasta Heberto eran más fuertes que el terror que pudiera padecer en la oscuridad de la selva. Su corazón palpitaba aceleradamente, pero de emoción, al saber que faltaba muy poco para reunirse con el padre de su hija.

***

En medio de la selva, donde ya ni siquiera divisaba su auto, escuchó a personas hablar y reírse de forma estrafalaria. No lograba ver a nadie en el camino, a pesar de la linterna que llevaba como diadema sujeta a la cabeza y que iluminaba su sendero. Se alteró al pensar que eran Heberto o Joshua que venían en su búsqueda, pero al acercarse más se dio cuenta que eran dos desconocidos que caminaban en sentido contrario, tenían barbas muy largas y aspecto de mendigos y en la cabeza portaban una linterna en forma de cuernos.

Se movió deprisa de un lado a otro sin saber hacia dónde correr para evitar encontrarse con esos desconocidos, pretendía alejarse para evitar ser vista. Ellos reían y bebían sin control una botella de ron que compartían de mano en mano. Se escondió en los arbustos con la esperanza de pasar desapercibida, pero ya era tarde y se habían percatado de su presencia; era la razón de su sarcástica risa. La habían visto mucho antes de que ella se percatara de que no estaba sola en el camino.

***

Eran delincuentes que se dedicaban a capturar mujeres que se escondían en la selva en espera de coger la balsa con destino a la Florida. Las despojaban de todo lo que llevaban consigo y después las agredían sexualmente. Estas acciones quedaban impunes porque ninguna se atrevía a denunciarlos por temor a que el viaje en el que habían invertido todos sus ahorros, el viaje de sus sueños se malograra a causa de delincuentes sexuales. Entonces, sus víctimas, cuando escapaban de sus garras, casi siempre decidían callar y continuar con su dolor hasta el mar, convencidas de que era lo más conveniente para todos y lo más tibio de lo que podrían padecer.

Lloraban de impotencia, pero estaban sumamente seguras de que todo quedaría en el olvido después de lavarse un poco con agua y jabón, y así malheridas subían a las balsas, llevándose todo lo ocurrido al mar.

Su consuelo era que mientras hubiera vida había esperanza de conseguir su sueño: abordar la balsa que las llevara rumbo a cualquier país del mundo donde tuvieran la oportunidad de forjar una nueva vida.

Dulce María decidió continuar su camino para no mostrarles miedo, aunque sus manos sudaban y sus piernas temblaban al pasarles por el lado, en espera de su reacción. De inmediato uno la agarró del pelo por detrás y la arrastró hacia él, mientras el otro pasaba su asquerosa lengua por el cuello.

Se reían de burla al ver su temor en su cara. Ella se movía de un lado al otro para evitar su aliento. Ellos celebraban el festín de la noche y comentaban:

—¡Esta se ve muy refinada! Comeremos una buena langosta; como las que envían a los hoteles refinados de la ciudad para los Yumas. La sostenían agarrada por los pelos, obligándola a mantener su cara frente a ellos, tocaban sus pechos intentando quitarle la camisa, pero ella iba blindada con un uniforme de militar, y se les estaba dificultando la operación por los temblores de sus manos, debidos a la cantidad de ingesta de alcohol que llevaban en sangre. A pesar de la presión que ejercían sobre ella, intentando inmovilizarla, ella continuaba balanceándose como una serpiente de un lado a otro para zafarse de sus garras.

Exhausta por el forcejeo, no tenía claro si debía chillar para que los que estaban en la selva o Heberto vinieran a rescatarla, pues creía que estaban pendiente de su llegada. Después, desistió de chillar, al recordar las recomendaciones de Joshua. Temió que fuera la policía forestal quien la escuchara y no Heberto y su grupo y fastidiara tan esperada travesía, después de muchos días soportando las inclemencias del tiempo en espera terminar la construcción de la balsa de la libertad que los llevaría lejos de tanta crueldad humanitaria.

La arrastraron bien adentro entre las malezas y arbustos hasta alejarla del camino. Ella se defendía como una leona intentando arañar su piel y debilitarlos con fuertes patadas que llegaban hasta ellos con poca precisión. Sus botas de militar podían ocasionar bastante daño porque tenían incrustadas púas de alambres; eran botas especiales que servían para caminar entre malezas y defenderse de depredadores del bosque. Las utilizaba su padre cuando salía en misiones a las montañas, junto a otros militares. O cuando en familia disfrutaban de un día de caza entre el monte. Todos en la casa tenían las mismas botas de estilo militar. Ella siguió, cada vez más fuerte lanzando patadas.

A uno de los delincuentes, que llevaba pantalones cortos, le hizo bastante daño al clavar las púas de los alambres en unos de sus muslos, desgarrándole la piel y dejándola entre las púas de sus zapatos. Él se percató de lo sucedido porque comenzó a sangrar en abundancia.

La soltó para intentar parar el derrame aplicándose un torniquete en el muslo. Como no podía hacerlo solo, pidió ayuda a su compañero que continuaba arrastrando a Dulce María. Pero al escuchar la petición de ayuda de su amigo, intentó parar, pero antes debía amarrar los pies a Dulce María para quitarle las botas y no pudiese continuar haciendo daño.

***

Amarró sus pies con una soga y ayudó a su compañero con el torniquete. Después volvieron a arrastrarla lo más adentro posible para alejarse del camino, adentrándose entre los tupidos árboles de la selva, para evitar que alguna persona de los que pasaban escondiéndose de los militares los viera y acudiera en su ayuda.

Cuando la tiraban de la soga en busca de un lugar más seguro, uno de ellos tropezó con una trampa hecha por los campesinos para atrapar a los puercos jíbaros de la zona, que estaban acabando con su cosecha y ganado. La trampa estaba camuflada entre las ramas y troncos caídos y las habían construido especialmente para atravesar el muslo de los puercos gigantes, que eran animales feroces y de colmillos muy afilados. Al pisarla, se disparó y un alambre con cuchillas incorporadas atravesó la pierna de uno de ellos, dejándolo inmóvil. Su amigo intentó socorrerlo y descuidó a Dulce María un momento. Ella, al tener las manos libres, aprovechó su descuido para coger su mochila que llevaba atada a la espalda, en la que llevaba una pistola que había extraído de la colección de armas de su padre, que él mismo había traído desde la Unión Soviética.

Desde muy jovencita su padre le había enseñado a disparar. Entonces, se levantó del suelo; con voz firme y contundente, después de cargar la pistola les dijo:

—¡Aléjense de mi camino o voy a disparar!

Empuñó con decisión y seguridad su arma, mientras que ellos, asustados y sorprendidos al verla, se quedaron inmóviles y fuera de lugar al ver su seguridad. Levantaron sus manos en señal de rendición y uno de ellos, el que no estaba herido le suplicó que lo dejara ayudar a su amigo, prometiéndole que desaparecerían para siempre de su camino.

Ella con firmeza le contestó a su petición:

—¡Los dejaré vivir! Pero si vuelvo a encontrarlos los mataré como a perros, y juro que será la última canallada que hagan en su vida —les dijo, llena de rabia.

Entonces, corrió sosteniendo la pistola en sus manos y mirando donde pisaba, con temor a que le pasara lo mismo que a ellos, dejándolos ahí tirados.

Corrió en busca del camino y miraba constantemente hacia atrás, asegurándose de que nadie la perseguía. Despavorida y pistola en mano corría por el camino cuando el arma se disparó. Ella se asustó al oír el disparo, no se lo esperaba, creyendo que había asegurado el arma. Pero continuó caminando deprisa hasta lograr encontrar de nuevo la ruta marcada por la brújula.

***

Los que trabajaban en la construcción de la balsa en la selva, al escuchar el disparo se intranquilizaron al creer que era la policía forestal que los había descubierto. Rápido taparon con las ramas de los arbustos la balsa que estaba casi ensamblada, y se dispersaron por el monte a esperar.

Dulce María, al llegar al lugar exacto que le había marcado Joshua en el mapa y no encontrar a nadie en el lugar, se desmoralizó y se tiró en el suelo a descansar su cuerpo y su mente.

Al alba y a través de los silbidos los compañeros lograron comunicarse para volver a salir de sus escondites y continuar trabajando con su balsa, después de asegurarse de que no eran los guardas forestales de la milicia del régimen, sino una falsa alarma por un disparo al aire.

Dulce María ya no sabía qué más hacer y no entendía el por qué Joshua, Heberto y sus amigos no estaban en el lugar indicado. Entonces, imaginó lo peor.

Después de pasar un rato abatida en el suelo, sacó de su mochila una botella de agua que tomó de un trago.

Amanecía cuando al fin logró escuchar ruidos. Alguien se acercó a ella para saber quién era, ella se identificó y de inmediato les preguntó por Heberto y Joshua, suplicándoles que lo buscaran de inmediato.

Todos ellos iban llegando uno a uno, y Heberto caminaba junto a Joshua cuando la vio en el suelo. Al verla corrió emocionado hasta ella, y feliz al encontrarla sana y salva, aunque nerviosa y agotada por los inconvenientes ocurridos. De inmediato la ayudaron a levantar del suelo y se abrazó a Heberto como una lapa.

Heberto también la abrazaba emocionado, y la estrechaba entre sus brazos besando su piel una y otra vez. Rozó su cara y buscó sus labios, desatando su pasión delante del resto de los compañeros, que eran testigos de su reencuentro y aplaudían en señal de victoria.

***

Antes de que llegara Dulce María al campamento, Joshua y Heberto se habían puesto de acuerdo para esconder la verdadera identidad de ella, porque bajo ningún concepto debían decir que era la hija de un alto cargo de la revolución, para evitar que la juzgaran o tomaran represalias contra ella.

Los enamorados se fueron apartando del grupo entre besos y arrumacos, demostrando lo emocionante de aquel reencuentro; ella le susurraba que lo amaba y que sus vidas se habían vuelto a encontrar para no separarse nunca más.

—Hasta que la muerte nos separe —le dijo, entre lágrimas que él limpiaba con sus manos.

El día comenzaba con un sol brillante mientras ellos continuaban dando rienda suelta a su pasión después de tanto tiempo sin verse. Tenían mucho que contarse y perdonarse y el tiempo corría sin darse apenas cuenta. Emocionada, le confesaba que era el padre de una hermosa niña llamada Amanda, que estaba ansiosa de conocerlo. Pero antes le preguntó si había recibido sus cartas.

Heberto al escuchar la noticia, una intensa luz brilló entre tantas penas, ahora tenía muchos más motivos para quedarse en su país y seguir defendiendo sus derechos y por ende los de su hija. Una razón más de peso para luchar por el porvenir y responsabilidad moral de su hija.

Dulce María le contó que conocía de primera mano la intención de Joshua de abandonar el país y su interés de arrastrarlo con él a tomar tan triste decisión, la que ella entendía y defendía por muchas razones. Además de creer que era la mejor de las opciones para todos…, incluyéndola a ella.

Heberto se sorprendió al escucharla decir aquella barbaridad. Ella al ver su reacción dijo:

—Sí, Heberto, mi hija y yo zarparemos contigo en busca de un mejor futuro para los tres. Es una oportunidad que nos está dando el destino para que recuperemos todo lo que nos han arrebatado.

»¡Ya somos una familia y juro que jamás te abandonaré! Prefiero morir en el intento, pero nunca más me separaré de ti —dijo con firmeza.

»En las buenas y en las malas hasta que la muerte nos separe —dijo mientras juntaba las yemas de sus dedos a las de él en señal de conjuro.

Heberto continuaba intentando sacarle de la cabeza la idea. Él no pensaba coger esa balsa ni con ella ni con nadie, mucho menos aún con su hija. Respetaba la decisión de su amigo, pero no era su intención hacer lo mismo…, y continuó con su terquedad. Más de una vez le repitió a su novia que no tenía pensado abandonar el país en esas circunstancias. Pero Dulce María si se mantuvo firme en su decisión, además de exigirle que salvara su vida y la de su hija.

Entonces, se armó de valor para contarle la otra parte de la historia que no había mencionado aún. Le hizo partícipe del peligro que ella corría por haber vendido información clasificada del Gobierno a los yanquis para salvarlo de una muerte segura y conseguir para él un trato más digno en la cárcel.

—He cruzado todos los límites para defender tu vida, cuando me enteré de cómo te tenían y por todo lo que te hacían pasar.

Entonces, Heberto entendió por qué tanto trato de favor en la cárcel en los últimos meses de su cautiverio.

—Me convertí en espía en mi propio país sin importarme las represalias, aun a sabiendas de que podía morir si me descubrían —dijo—. La traición a la patria, como tú bien sabes, es uno de los delitos peor castigados por el régimen.

Entristecida, continuaba contándole toda la historia: si me descubren, seré torturada y condenada a muchos años de prisión, que es peor que estar muerta.

Sorprendido por todo lo que le había contado, le preguntó por qué lo había hecho. Por qué había arriesgado su vida de esa manera y ella fue tajante:

—Porque fue el único camino que me dejaron para salvarte de una muerte segura. Estaba en juego tu cabeza y no iba a permitir que murieras de esa manera… Como un perro. Prefiero que mueras en el ancho mar, pero en libertad, como siempre soñaste, sintiéndote libre…

Se abrazaron fuerte.

***

Cuando él le preguntó por su hija, ella le contó que la tenía en casa de una amiga, a quien había pedido que se la cuidara unos días. También le dijo:
—Ah, no te preocupes por nada, porque no he dicho a nadie a dónde iba, ni con quién me juntaría, para evitar que me siguieran.
En esos precisos momentos por alguna razón Heberto se acordó de Lola y de todo a lo que había estado dispuesta a renunciar por su hija, hasta el punto de rechazar su felicidad junto a él, para que su hija creciera al lado de su padre. De alguna manera admiraba su acción heroica.
A Heberto le preocupaba la vuelta a su casa de Dulce María, sentía miedo de que fuera sola a horas intempestivas. Pero ella lo tranquilizó al enseñarle el arma que llevaba en su mochila, para que él se quedará más tranquilo. Aunque, no le contó nada a él ni a nadie del percance que había padecido en el camino, cuando se había encontrado con los delincuentes. Y con una sonrisa sarcástica; le dijo:
—No llevo esta arma de lujo. También sé manejarla muy bien… Y si alguien se mete conmigo, no seré yo la que salga perdiendo.
Él sonrió a carcajadas y ella añadió:
—Volveré con nuestra hija lo más pronto posible. La recogeré en la casa de mi amiga y volveré junto a ti, porque nunca más te dejaremos solo. Los tres formaremos una familia en cualquier lugar del mundo.
Ella continuaba firme en la decisión de que los tres embarcaran en esa balsa y que fuera Dios quien decidiera su futuro. Aunque Heberto seguía tajantemente negándose a su proposición y ella entre lágrimas dijo:

—¡No me importa volver a morir, porque ya estuve muerta! Mi vida no tiene sentido sin ti, desde que me enseñaste a ver la vida de otra manera. Debemos luchar juntos, pero lejos de aquí para que nuestra hija sea libre.

Antes de emprender su camino de vuelta, Dulce María sacó de la mochila una cantidad de dinero que le entregó a Heberto; él se sorprendió al verlo y le preguntó para qué traía eso. Ella le contestó.

—Lo he traído porque lo necesitamos para nuestra travesía. Tú debes de custodiarlo hasta que vuelva. Debemos pagar nuestro lugar en la balsa.

Al verla tan decidida y segura de sus actuaciones, se dio cuenta de que ya no era la niña de años atrás. La maternidad la había cambiado en todos los sentidos y se había convertido en toda una madre; «una mujer con agallas suficientes y capaz de defenderse y proteger a los suyos como toda una mamá gallina», pensó.

Había llegado el momento de tomar una decisión.

Entre abrazos y besos la encaminó hasta un lugar prudencial, dejándola bastante cerca de la ruta que la llevaría hasta su auto, después él volvió al campamento junto a los demás.

—Mi vida no tiene sentido sin ti —le recordó al mirar hacia atrás para verlo por última vez, mientras se alejaba.

Los compañeros continuaban el trabajo, a punto de terminar la balsa que los llevaría a la tierra prometida... Como luciérnagas en la noche en busca de libertad.

Heberto se acercó a Joshua para comentarle la difícil situación en la que se encontraba, porque Dulce María le exigía que hiciera algo para salvar sus vidas.

Y dijo:

—Es una absurda idea la que tiene en su cabeza, que no puedo aceptar. No permitiré que mi hija haga tan peligrosa travesía.

»¡Tienes que ayudarme! —le dijo a su amigo Joshua

Pero este no respondió y después le dijo:

—Entiendo tu preocupación, pero Dulce María tiene razones de peso para pedirte tal sacrificio, conozco su forma de pensar y lo difícil que se te hará convencerla para que desista. Ella ha sufrido mucho por ti, todo este tiempo; ha ofrecido su vida a cambio de la tuya. Ahora es tu turno.

Ofuscado y confundido al escuchar a su amigo se mostraba Heberto. Por un lado, estaba su responsabilidad como ciudadano y por el otro no quería salir huyendo sin dar la cara por todos esos amigos a los que había dejado en el camino y cuyos derechos había prometido defender, aquellos que habían luchado como héroes hasta su muerte.

Joshua le prometió hablar con el capitán en busca de una solución, porque en la balsa no había plaza para embarcar a dos personas más, estaba al límite de su capacidad.

***

Cuando fue a hablar con el capitán para interceder por su amigo, el capitán le dijo que no había nada que hacer: solo contaba con una plaza para él, excepto que alguno de los del grupo decidiera a última hora por miedo no embarcar…

—Es demasiado arriesgado excedernos en la capacidad de personas —le dijo a Joshua.

La demanda para ese tipo de travesía era cada vez más alta, todo el mundo deseaba salir de la isla: Viejos, niños y jóvenes. Sin embargo, le dio otra alternativa que consistía en construir una balsa sin motor, donde pudieran ir dos personas. Aunque la propuesta que le ofreció el capitán le pareció a Joshua demasiado arriesgada, su deber era consultarlo con Heberto y que fuera él y solo él quien decidiera su futuro.

Heberto contaba las horas, minutos y segundos en espera de conocer a su hija Amanda. Él no podía salir del bosque a plena luz porque alguien podía reconocerlo y ponerlo de nuevo en peligro, aparte de arruinar la salida del grupo a tierras lejanas. Entonces, su amigo le recomendó esperar pacientemente a que ella llegara…

***

Dulce María salió decidida a volver cuanto antes con su hija y desde que llegó a la ciudad fue a buscar a su hija a casa de su amiga. Organizó todo minuciosamente para no levantar sospechas. Salió al día siguiente de vuelta a la selva, antes de que llegara Fernando y descubriera sus planes.

Regresó a la selva junto a su hija, a la que cubrió todo el cuerpo y colgó de su espalda envuelta en una sábana. Recorrió más de cincuenta kilómetros andando después de dejar el auto hasta llegar al campamento. Acordó con Heberto y sus amigos limpiar el camino todo lo que pudieran para que ella pudiera entrar el auto lo más cerca posible y acortar la distancia que debía recorrer andando con la niña en la espalda.

Esta vez no tuvo mayor dificultad, iba más segura al conocer mejor el terreno que iba a pisar. Se detuvo varias veces en el camino al andar para amamantar a Amanda, que dormía plácidamente en la espalda de su madre, o para resguardarse de un tórrido aguacero que las sorprendió. Se cobijaron entre las anchas ramas de los tupidos árboles del bosque.

***

Heberto esperaba impaciente su llegada para conocer a su hija, que era el regalo más hermoso que la vida le había regalado. Fue el primero en verlas llegar y correr en su búsqueda, ya que pasaba horas caminando alejado del campamento en su espera. Se abrazaron emocionados al encontrarse, mientras él la ayudaba a descolgar a la niña de su espalda. Aquel angelito seguía durmiendo plácidamente, pero al sentir el aroma y la piel de su padre, no dudó en abrir sus ojos adormilados para conocerlo y ofrecerle la más bella de las sonrisas.

Su padre, al verla tan frágil y pequeñita en sus brazos, deseaba comérsela a besos. Contemplaba a su madre y le decía sonriendo:

—Es tan bella como tú.

Y ella le dijo emocionada al escucharlo:

—Lo que estoy sintiendo en este momento es indescriptible. Es tanto lo que he sufrido en espera de que el maldito destino se acordara de mi felicidad, que no puedo creer que se me hizo realidad el milagrito que noches tras noches pedí: Al fin, el padre de mi hija puede conocerla y estrecharla entre sus brazos —notablemente emocionada decía.

Después de un largo rato alejado del grupo para disfrutar en familia, se incorporaron con los compañeros, donde la niña era la reina de todos, pero sobre todo la de sus padres.

Así pasaron unos días maravillosos, a pesar de las incomodidades de la selva.

La niña era monitorizada y examinada por una pediatra, que, junto a su esposo, un ingeniero naval, colaboraban en la construcción de la balsa y esperaba ansioso la salida.

***

Dulce María estaba dispuesta a superar todas las adversidades a cambio de estar junto a su pareja y su hija. A la semana de su llegada a la selva, Heberto le explicó la situación acerca de la travesía: Ellos no podían tomar esa balsa junto a los demás porque no había lugar para tres y la única solución que les ofrecían era construir una balsa rudimentaria para dos, sin motor….

—Como si fuera un carro flotante —dijo.

La travesía sería lenta y muy peligrosa en el caso de ser sorprendidos por algún temporal. La probabilidad de vuelco era alta, por lo que le pidió de rodillas que se olvidara de someter a la niña a semejante tortura. Y fue muy tajante al decir que no sometería a su hija a tal calvario.

—Te ruego reconsideres la situación —añadió—. Como padres no tenemos derecho a condenar a nuestra hija de esa manera…, ella tiene derecho a vivir.

También le rogó que volviera a su casa con la niña y que lo esperara hasta que él pudiera regresar a por las dos.

Dulce María seguía negándose a escuchar su opción y llorando le dijo:

—Otra vez quieres abandonarnos; ¿es que no nos quieres lo suficiente y deseas irte solo, dejándonos muertas en vida de nuevo?

Tajante y rotunda, seguía con su idea fija de zarpar rumbo

a cualquier país lejano…

Ella era consciente del peligro que correrían en esa balsa y más siendo la niña tan pequeña. Entonces, buscando otra solución al inmediato problema, pensó que podrían dejar la niña al cuidado de sus padres. Impaciente y convencida, decía a Heberto:

—¡Solucionado! dejaremos a Amanda, al cuidado de mis padres. La llevaré a la casa y saldré con el pretexto de ir a tramitar documentos.

»Tenemos dinero suficiente —le dijo a Heberto—, podemos pagar para que nos construyan esa balsa.

Heberto, respiró tranquilo al darse cuenta de que al menos ya estaba convencida de que la niña no se merecía que la sometieran a las inclemencias del mar. Pero, por otra parte, él no estaba de acuerdo en que su hija creciera en el seno de una familia egoísta e inhumana como la de ella. Una familia que nunca aceptaría que él fuera el padre de su nieta. Y su gran temor era que le arrebataran el amor de su hija, poniéndola en su contra por ser un prófugo disidente.

—¡No, no, no maldición! —exaltado, dijo Heberto—. No quiero eso para nuestra hija. Estoy de acuerdo en que debo dejarla, pero no en manos de ellos; si decido dejarla en manos de alguien, debe ser en manos de mis padres. Ellos viven en el campo rodeados de la más pura naturaleza, donde los niños crecen llenos de vida y felices, como crecí yo —le dijo—. Con mis padres aprenderá a valorarse, sobre todo a tener principios y humildad. En mi casa reina el amor y respeto hacia los demás, lo que es fundamental para crecer feliz.

Con autoridad le habló a Dulce María, intentando convencerla de alejar a su hija de la gran ciudad. Y a ella al escucharlo se le erizó la piel, consciente de su gran verdad… Aceptó sus alegatos porque eran indiscutibles.

    La niña solo estaba declarada por su madre, porque Dulce María nunca aceptó que Fernando lo hiciera, con la esperanza de que algún día su padre regresara y cumpliera con su deber. Cuando le explicó la situación legal de la niña a Heberto, de inmediato este le dijo:

    —Debemos ir a declararla ahora mismo al Registro.

Después, entre todos los del grupo les hicieron reflexionar para que dieran un paso atrás, por todo lo que estaba en juego.

Él debía mantenerse sin grandes movimientos por un tiempo y entre todos lograron que se olvidara por el momento del tema. Lo convencieron de que era solo un papel, porque su hija siempre será su hija, independientemente de un mero trámite.

Después de ambos mentalizarse de lo que debían hacer con su hija, organizaron con la ayuda de todos los del grupo la salida del campamento hasta el lugar a donde Dulce María tenía escondido el auto.

Ella se había preparado por si tenía que huir con Heberto. Había cambiado la placa de su auto por una militar, aparte de llevar otras dos escondida de diplomáticos que solo utilizaría en caso de emergencia. También en el maletero llevaba disfraces para Heberto, con insignias militar de alto rango y un carné de identidad con su rango.

Emprendieron su camino rumbo a Valle de Viñales, el pueblo donde él había sido tan feliz. Esta vez volvía para dejar a su hija en manos de sus progenitores, para que ella tuviera la oportunidad que tuvo él de vivir en la naturaleza rodeada del amor incondicional de sus abuelos.

***

Heberto no estaba preparado para dar la cara ante sus padres, no soportaría otra despedida o verlos rogarles que suspendiera ese viaje. Ellos nunca permitirían que hiciera una locura así, preferían tener a su hijo vivo o muerto, pero en su país. Eran conocedores de los peligros y las consecuencias de abandonar la isla de esa manera. Entonces, escribió una carta detallada para ellos, donde abrió su corazón para contarles la verdad acerca de la madre de la niña y lo que representaba en su vida. Y el por qué habían tomado la triste decisión de abandonar el país en balsa. Les suplicó que cuidaran de Amanda como lo habían hecho con él, por la incertidumbre de cuándo le dejarían volver a entrar a su país, si lograba salir. Después metió la carta en un calcetín de la niña y la dejó debajo de su cuerpecito.

Tocaron el timbre varias veces y se escondieron a una distancia donde no podían verlos. Les dejaron en la puerta el mejor regalo; una hermosa niña que vestía un pijama rosa y adornaba su cabecita con una hermosa flor que habían cortado minutos antes del jardín. Las preferidas de su madre y que cultivaba con esmero frente a la casa.

Cuando su madre abrió la puerta y encontró aquel angelito metido en su cunita, se sorprendió y de inmediato llamó asustada a su marido, creyendo que todo era fruto de una broma de mal gusto.

Heberto se iba con la satisfacción de que Amanda quedaba en buenas manos, aunque no en el país deseado. Era su única opción... Nunca se hubiera perdonado el sufrimiento de su hija ante la inclemencia del ancho mar...

Se marchaba convencido de seguir su lucha donde quiera

que las aguas del mar lo llevaran y volver en busca de su hija y sus padres cuando pudiera resolver su situación legal. Para llevarlos junto a él a vivir en un país libre.

    La niña estaba despierta chupándose sus deditos. Al lado de la cunita había un bolso con todo lo necesario para su alimentación. Observaron a la niña unos minutos en espera de que aparecieran sus abuelos. La madre de Heberto salió a la calle y miraba en todas las direcciones. Se movía de un lado a otro por si veía pasar a alguien. Le hacía señas a su esposo que estaba parado en la puerta y dijo:

—No veo a nadie por aquí. ¿Qué significa esto?

***

Entonces, sacaron a la niña de la cunita y al cogerla en brazos su madre se percató de la flor que llevaba en su cabeza y pensó en su hijo. Él sabía que eran sus preferidas y muchas mañanas las ponía en su dormitorio para cuando despertara.

Entraron a la casa y al poner la cunita en el suelo se dieron cuenta que dentro había una carta, intrigados la leyeron. Breve y conciso su hijo les contó los motivos de su huida. Les dijo que los amaba y que eran los mejores padres del mundo y por esa razón les confiaba a su mayor tesoro, obligado por las circunstancia en las que se encontraba. Y terminó diciendo: «la pequeña Amanda viene a ocupar ese gran vacío que dejo en sus corazones a causa de mi marcha y decisiones en la vida». Les pidió perdón por no haber tenido el valor de mirarlos a la cara y dejarle a su nieta de manera despiadada en su puerta.

Fue toda una sorpresa para ellos, porque nunca habían escuchado a su hijo hablar de la mujer que mencionaba en la carta. Entre lágrimas la leyeron sin entender tan absurda decisión. Aunque no podían engañarse al saber que la libertad condicional de que disfrutaba su hijo estaba sujeta a una soga muy endeble que podría quebrarse en cualquier momento.

Abrigaron a su angelito para que no se resfriara con la brisa. Besaron sus manos para darle la bienvenida a su nuevo hogar y cerraron las puertas para siempre a su hijo, sin saber si volverían a tener la posibilidad, algún día, de volver a verlo.

Heberto, a la salida de prisión, había tenido mejor suerte que los que fueron expulsados del país y enviados como mercancías de cambio. Los enviaron solos, como asquerosas ratas, sin la oportunidad de despedirse de sus seres queridos. Una situación desgarradora para cualquier ser humano. Los desterrados imploraban clemencia, para que les permitieran ver, aunque, fuera por última vez a hijos y esposas.

Los médicos disidentes del país fueron los más perjudicados, porque los enviaban a realizar trabajos en condiciones infrahumanas, además de recibir trato vejatorio lejos de su país, donde los trataban como esclavos.

Heberto y Dulce María volvieron a la selva con la certeza de que habían hecho lo mejor. Volvían a la clandestinidad hasta llevar a cabo su huida. Dulce María se mostraba triste y cabizbaja, se abrazaron dándose fuerzas el uno al otro.

***

El grupo estaba listo para salir, tenían el tiempo justo para despedirse de amigos y familiares. Joshua abrazó a su amigo Heberto y a Dulce María le dio las gracias una vez más por haberle salvado la vida. A Heberto le agradeció ser el hermano que nunca tuvo. Ambos, entusiasmados se mostraron al creer que se encontraría en alguna parte del mundo.

Esa noche llegaron familiares a despedirse y a dar quizás el último adiós a sus seres queridos. Unos con ilusión y otros con desazón decían adiós. Subían a la balsa con la esperanza de llegar a salvo a los Estados Unidos, la tierra de las libertades. Y algunos, antes de subir, besaban de rodillas la tierra que los había visto nacer y que dejaban atrás, jurando regresar algún día. Guardaron en sus bolsos un recuerdo preciado de sus vivencias en forma de un puñado de tierra, para no olvidar nunca de dónde procedían.

La mayoría de ellos hacían la travesía convencidos de que con su marcha lograrían una mejor vida y recuperarían la dignidad y derechos que les habían expropiado, a causa de la revolución cruel y sanguinaria que los humillaba en su propio país.

Estas eran escenas desgarradoras a las que por primera vez se enfrentaba Dulce María. Era la cruda realidad de un país desconocido para ella, porque había vivido en una burbuja debajo de las faldas de sus padres.

Ahora tenía dos opciones: Mirar para otro lado y seguir engañándose o enfrentar la realidad de su país, ayudando a mejorarla y luchando por y para un pueblo que agonizaba lentamente y estaba condenado a una muerte segura.

Al ver a tantas personas rotas abandonando de tan cruel manera su país, se cuestionaba si Heberto tenía razón cuando le decía que debían quedarse para luchar en las calles, protestando y exigiendo derechos para todos. Convencida de que solo la unión de un pueblo era capaz de derribar las murallas más grandes. Pero daba de nuevo un paso atrás al pensar en su hija; reflexionaba y volvía a obligar a Heberto a impacientar al constructor de su balsa, ofreciéndole más dinero, además de un auto en perfectas condiciones a cambio de terminar cuanto antes la entrega.

Deseaban cerrar un capítulo en su vida que estaba haciendo mella en su salud. Días más tarde de la triste partida de Joshua y el resto del grupo, que se habían convertido en parte de su familia, ellos también se preparaban para su travesía.

Su balsa ya estaba lista para salir y en vez de alegría sentía una pesadez en su cuerpo y en su alma, porque en esos momentos era víctima de pensamientos difusos y contradictorios, al saber que había llegado la hora de partir y que su vida cambiaría para siempre.

Le reconfortaba saber que el hombre que estaría a su lado era el padre de su hija, su gran amor, el que le había enseñado a no ser egoísta y a comprender su lucha y humanidad. Así era como había conquistado su corazón hasta el punto de estar dispuesta a dar su vida a cambio de su felicidad. Sentía admiración por el hombre que amaba y estaba convencida de que el país necesitaba a jóvenes como él para acabar con las injusticias. Sin embargo, la mayoría de ellos ya habían huido del país o se mantenían callados para que la cruel llamarada no les alcanzara.

Cuando sentía a Heberto inactivo o pensativo por sus dudas persistentes, lo animaba a continuar con los planes tal como se habían trazado, recordándole todo lo que había tenido que pasar en su cautiverio. Entonces, él, al escucharla, se inflaba de energías y sus ojos se iluminaban de nuevo en espera de zarpar como única vía de escape. Sabía que su libertad condicional se había conseguido gracias a la presión inducida por los estadounidenses y el apoyo ingente de las Damas de Negro, encabezadas por su propia madre. El régimen solo esperaba silenciar el revuelo internacional que se había formado, y, cuando menos lo esperaran ellos irían de nuevo a prisión.

LILIAN NUÑEZ

Un futuro incierto

Había llegado el día y aprovecharon el silencio de la madrugada para partir. Recogieron lo poco que llevarían: Una mochila para cada uno cargada de alimentos enlatados y barras de pan que habían preparado semanas antes. Lo justo y necesario para no excederse con el peso.

Levantaron el vuelo como Luciérnagas en el mar, en una precaria balsa construida con dos barricas de color azul que fueron utilizadas como ruedas, cuatro palos de bambú, encalados y atados entre sí por sogas y encima una lona de plástico para que el agua no penetrara. Los asientos eran dos gigantescas llantas de camión unidas por cuerdas, con remos a cada lado, para equilibrar el peso. Agarrados de las manos encomendaron sus vidas a la diosa del agua. Suplicándola que se adueñara de sus destinos. Se introdujeron en el mar y remaron y remaron hasta alejarse de la costa.

En medio del ancho mar, cuando las corrientes le permitieron descansar, colocaron sus remos delante y dejaron que las corrientes los empujaran. Dulce María llevaba su pequeña brújula colocada en su muñeca como si fuera un reloj. Agarrados de las manos, comentaron sus planes futuros hasta que el cansancio los hipnotizó y quedaron profundamente dormidos, con el movimiento de las corrientes mirando el cielo iluminado de estrellas…, que brillaban sobre el océano.

Al despertar, después de varias horas de descanso, prosiguieron su travesía con optimismo y fuerza. En las horas fuertes de sol se protegían la cabeza con camisetas y cubrían sus cuerpos de protección solar, además de tomar sorbos de agua cada diez minutos.

La determinación de culminar el viaje era más fuerte que el miedo a lo que pudiesen enfrentar en el mar. Se aferraban a un mundo nuevo, aunque lejos de su tierra. Estaban dispuestos a vencer todas las adversidades para poder regresar pronto. En su fe estaba la decisión de cambiar de rumbo sin olvidar que dejaban un pasado repleto de luces y sombras: Las luces de la esperanza y las sombras de un pueblo destrozado al que Heberto no abandonaría nunca, y por el que juró en el medio del mar, que allá donde fuere continuaría abogando por un país libre de comunismo.

***

Ya llevaban varios días de travesía y los cambios de temperatura mermaron la salud de Dulce María. Heberto no la veía enérgica como cuando habían embarcado. Sus fortalezas se habían esfumado con las brisas del mar. A Heberto le preocupaba su ánimo porque no estaba como para enfrentar tempestades. Aunque ella le hacía creer que todo marchaba bien, sentía recios escalofríos en el cuerpo que la hacían temblar y poco a poco se iba apagando esa luz de su fuerza emocional.

Dulce María pasó todo el día sin ingerir nada sólido, apenas podía levantar el remo y su situación empeoraba según pasaban las horas.

La desesperación bloqueó por momentos a Heberto, pues no soportaba verla tan débil. Buscó entre sus cosas medicamentos que aliviaran su dolor y solo encontró aspirina para la fiebre. Introdujo en su boca la pastilla y rogó a Dios mirando al cielo, que ella mejorase. Pensó que podía tener la garganta inflamada, pero tenía síntomas que no tenían nada que ver con la garganta. Su respiración era acelerada y su cuerpo se cubrió de salpullido, además de sentirla en ocasiones desorientada.

Rebuscaba entre las cosas de Dulce María, creyendo que quizás ella padecía de alguna enfermedad que nunca le había contado. Pero estaba claro que sus defensas estaban en el suelo y muy probablemente hubiera contraído alguna bacteria o virus en la selva.

Como su cuerpo continuaba caliente, cogió una toalla y la mojó con agua de mar para cubrir su cabeza y rociar su cuerpo. Cuando había pasado una media hora desde que le había dado la aspirina, ella recuperó la temperatura de su cuerpo. Él respiró de alivio al tocarla y comprobar que ya estaba normal. Pero Dulce María continuaba sin decir una palabra y en su rostro podía ver su debilidad. Entonces insistió para que se comiera el pan con mantequilla que poco a poco él introducía en su boca.

Ella se recostó sobre su asiento y él puso sus remos entre sus piernas para no perderlos con los movimientos del mar. Él estaba maniatado porque no podía cruzar de una balsa a otra, el peso de los dos en un solo lado los pondría en peligro, así que con precaución la ayudó a colocarse para que no fuera a caer. Para su tranquilidad el mar estaba en calma y seguían su rumbo sin dificultad. La debilidad de Dulce María estaba retrasando sus planes de travesía. Debía remar en solitario para empujar ambas balsas que se remolcaban a través de cuerdas.

LUCIÉRNAGAS EN EL MAR CARIBE

Después de cinco días en el mar, alcanzó a ver a lo lejos un islote y creó conveniente remar hasta la costa en busca de comida para Dulce María. Estaba seguro de que la ingesta de pescado o crustáceos le aportarían proteínas y la ayudarían a recuperar sus fuerzas. Y que pasar unos días en tierra firme calmaría sus mareos. Remó con todas sus fuerzas hasta llegar a la orilla del islote, bajó de prisa de su balsa y tiró fuerte de la cuerda intentando acercarla. Ella había despertado y un poco más consciente intentó ayudarlo, al ver como estaba arruinando sus planes y convirtiéndose en un estorbo. Entonces, intentó incorporarse, pero apenas tenía fuerzas para desembarcar y él tuvo que cogerla en brazos y torear las olas del mar hasta llegar a tierra firme caminando.

Ya en el islote estuvieron resguardándose del sol debajo de palmeras y, al caer la tarde, Heberto salió a pescar entre las rocas con una caña improvisada que había construido horas antes, mientras velaba el sueño de Dulce María para evitar que las grandes ratas que abundaban en la zona se le acercaran, al sentirla moribunda.

En su caña de pescar había colocado un tenedor para tener más precisión al contacto con su presa... Cuando pescaba sintió ruidos, al acercarse escuchó a un grupo de personas que hablaban y reían como si estuvieran celebrando algo. Él se asustó al principio, porque pensó que era la guardia costera de Bahamas, pero minutos más tarde al escucharlos hablar con acento cubano, respiró tranquilo al ver que eran personas igual que ellos en busca de libertad.

Él se acercó para saber cuántos eran y pudo divisar una veintena de personas entre mujeres, hombres y niños, que reían como si anduvieran en un crucero de amigos que se juntaban para divertirse.

Tenían una fogata para asar el pescado y gallinas salvajes

que habían cazado. Decidió interrumpirlos para pedirles ayuda y en pocas palabras le resumió su situación explicándoles por qué había parado en el islote. Ellos, al escucharlo, dejaron las risas y se interesaron en ayudarlo. De inmediato le ofrecieron comida y varios hombres del grupo y la santera caminaron con él, hasta donde se encontraba Dulce María.

Heberto iba esperanzado con que la santera hiciera algo para mejorar la salud de su compañera. Pero cuando llegaron, Dulce María continuaba adormilada.

La Santera pasó sus manos por su cara intentando despertarla para que ella misma le explicara cómo se sentía, pero apenas podía hablar. Y al tocarla se dio cuenta que su cuerpo estaba a punto de tiritar. La expresión de su rostro al comprobar su estado fue de desánimo. Heberto la entendió a la perfección. Entonces, la curandera se alejó de Dulce María y caminó hasta la otra esquina, donde Heberto la siguió para que ella le diera su opinión.

La Santera no le dio muchas esperanzas y le dijo:

—Desgraciadamente, tiene una grave infección que ha invadido todo su cuerpo y es tarde para actuar, no traigo las hierbas necesarias para ayudarla a remitir el mal.

Después volvieron hacia ella para entre todos ayudarla para que tomara sorbos de agua y no se deshidratara.

Heberto con mimos introdujo algo de comida en su boca, pero antes lo deshacía en sus manos.

La Santera y sus acompañantes volvieron con su grupo, que continuaba comiendo al otro lado del islote. No era prudente permanecer más tiempo allí y, tal como lo tenían previsto, zarparon de nuevo al anochecer rumbo a Florida, con la esperanza de llegar a las costas al amanecer sin ser vistos por la guardia fronteriza.

Heberto pensaba hacer lo mismo, pero todo dependía de la evolución de Dulce María, que después de comer y beber lucía un rostro con un aspecto más saludable. Entonces, cogió sus pertenencias y la ayudó a subir de nuevo a su balsa para ponerse en marcha y aprovechar la luna que brillaba intensamente.

Antes de que se marcharan, Heberto fue a hablar con el capitán de aquel grupo para intentar subir a bordo con ellos, ofreciéndole una cantidad de dinero por dos lugares en su balsa, que era más potente que la suya; tenía un motor Yamaha de alta potencia incorporado que haría la travesía menos peligrosa. Pero no fue posible su propuesta, y tajante le dijo que no podía aceptar a nadie más, porque iban apiñados como pollos gringos.

Así que Heberto sin pensarlo dos veces, cogió en sus brazos a Dulce María y la colocó en su balsa de la manera más segura posible, para evitar contratiempos. Cogieron sus remos intentando alejarse de la orilla. Heberto, remó y remó hasta que las corrientes y el viento le ayudaron a avanzar. Dulce María tenía mejor aspecto, él le hablaba para que no decayera y ella al ver su esfuerzo y sin poder ayudarlo, le repetía hasta la saciedad que lo amaba y volvería a hacer lo mismo mil veces por él, porque no había nada en el mundo que la hiciera más feliz que estar a su lado.

En medio del ancho mar cuando el viento y las corrientes lo arrastraron, ella se quitó la brújula que llevaba en su muñeca como un reloj y se la entregó a él. Y le dijo:

—¡Mira, nos falta muy poco para llegar a nuestro nuevo hogar! —.

Quédatela —le dijo—, podría dormirme de nuevo y despistarnos.

Él la cogió y se la colocó en su mano con dificultad, mientras bromeaba con ella sobre el grosor de sus muñecas.

Estrecharon sus manos para contemplar la luna, mientras charlaban de su hija Amanda, jurando que pronto volverían a por ella.

Pasaban las horas y poco a poco fueron quedándose dormidos entre el sonido del mar y el canto de los delfines que empujaban su balsa. Tan profundamente dormidos que solo los rayos del sol que atravesaron sus pupilas pudieron despertar a Heberto de su profundo sueño.

Abrió los ojos despacio y en él había una sensación de regocijo, de haber disfrutado durante la noche anterior. Al mirar a su lado, se extrañó al no ver a su compañera de travesía, con la que había estado toda la noche organizando sus planes futuros. Desorientado y exaltado, al darse cuenta de que había desaparecido…, presagió lo peor.

El cielo oscurecía a pleno día, y un llanto estrepitoso de desesperación movilizó a delfines y aves que danzaban a su alrededor. Se preguntaba una y mil veces desgarrando su garganta, ¿dónde estás Dulce María?

—¿Dónde estás, compañera, si juraste una y mil veces permanecer a mi lado toda la vida? ¿Por qué me has dejado solo?

»¿Qué diré a nuestra hija cuando vuelva a por ella?; ¿que no fui capaz de cuidarte lo suficiente y permití que el mar te sepultara para siempre? ¿Qué te robaron de mi lado, sin ni siquiera darme cuenta? ¿Por qué, por qué? ¿Por qué te fuiste sin despedirte? —se preguntaba sin encontrar respuestas.

***

El mar se la había tragado sin dejar rastro de ella. Heberto miraba al cielo y culpaba a su Dios de todos sus males y de los de tantas personas que como él, debían huir de su propio país, abandonándolo todo. Desesperado, miraba entre las aguas en busca del cuerpo de su amada. Le imploraba, vociferando su nombre... rogándole que no lo abandonara, porque su compañía era la fuerza que le impulsaba a seguir luchando...
Roto, solo y abatido debió continuar su travesía, pero no le quedaban fuerzas para sobreponerse a tan difícil prueba. Desolado y sin ánimos, lloraba de impotencia, mientras remaba y remaba con rabia.

***

El tiempo cambiaba y las apaciguadas aguas cristalinas se convertían en negras y revueltas corrientes. Un tenebroso cielo cubrió el horizonte que se posaba sobre su cabeza, desplegando una fuerte tormenta de truenos y relámpagos con la que no contaba. Pero la naturaleza es impredecible e imprecisa. Apenas podía sostener su balsa que ladeaba de un lado a otro por las fuertes corrientes, provocada por las intensas lluvias.
Imploraba a su Dios. El Dios que él creía que lo castigaba por alguna razón y buscaba en el cielo, a ángeles celestiales para que le enviaran una señal de socorro y las fuerzas necesarias para sobreponerse a tantas desgracias juntas.
Un fuerte estruendo se escuchó en el cielo, que cayó en forma de bola de fuego en el mar, haciendo que una extraña energía invadiera todo su cuerpo.
Contemplaba el fenómeno anonadado, cuando un fuerte oleaje tambaleó su balsa hasta hacerlo volcar. Una fuerte ola lo co-

gió desprevenido y lo arrastró sin rumbo, sin que él pudiera hacer nada para volver a subir a su embarcación.

Su cuerpo se hundía entre las fuertes corrientes, después del golpe que había recibido al estrellar su cuerpo sobre los palos de bambú que sujetaban la balsa debido al fuerte oleaje. Pero él no se daba por vencido y peleaba con la mar como si de alguna bestia se tratara, hasta que sus fuerzas se agotaron. Y como un niño dormido bajaba a las profundidades, a la vez que regresaba a su mente toda su vida. Sus vivencias, alegrías y tristezas…

Con cada uno de sus recuerdos que pasaban frente a él en forma de diapositiva, mientras bajaba a las profundidades, sentía una fuerte energía emocional que lo revivía, obligándolo a mantenerse a flote. Sintiéndose como si estuviera presenciando en el cine la película de su propia vida, al lado de la mujer que había decidido que fuera su compañera toda la vida, con la que sentados cogido de las manos, disfrutaban a carcajadas, mientras él se miraba en su propio espejo. Entonces, ella le decía:

«Nunca voy a abandonarte, pero iremos por caminos diferentes… como una vez lo hicimos. Tú debes de seguir luchando por tus ideales, por ayudar a ese pueblo que tanto amas y que deseas ver algún día libre. Aún no es el momento de que me acompañes al lugar a donde voy. Estaré junto a Joshua y a otros amigos tuyos, ahí te esperaremos cuando sea tu momento. Y juntos celebraremos los triunfos y las agallas con las que te has enfrentado a lo más temido».

***

Entonces, ella le animó a dejar la película que veía de su vida, porque aún tenía muchas páginas que escribir. Le obligó a pensar en su hija y en sus padres y a que esas ganas de volver a verlos le hicieran despertar de su sueño y desafiar al mar para alcanzar la superficie. Todas esas energías que el ancho mar puede darte o quitarte lo impulsaron a nadar como pez en el agua hasta alcanzar la superficie y llegar hasta la orilla, siguiendo la brújula que llevaba en la muñeca y los latidos de su corazón que le indicaban que estaba cerca de tierra firme.

***

Al despertar, se dio cuenta de que no estaba dispuesto a perder una batalla más, debía encontrar la manera de llegar a la orilla y ponerse a salvo. Y si moría, moriría con la satisfacción de que lo había hecho luchando por vivir.
Nadaba sin cesar deseando llegar a tierra, sin miedos a tiburones ni a nada. Estuvo ocho horas nadando sin descanso, escoltado por adorables delfines que marcaban su paso delante, hasta que por fin logró llegar a un cayo de la Florida.
Llegó con las manos entumecidas y pies acalambrados, sin sentirlos apenas. Se tiró en la arena casi sin respiración y con el cuerpo adormilado, sintiendo los pálpitos del corazón revolucionados.
Al poco tiempo de estar tirado en la arena moribundo, unos bañistas que se encontraban en la playa lo socorrieron y de inmediato llamaron a la guardia costera, que solo tardó diez minutos en llegar a darle los primeros auxilios. Cubrieron su cuerpo con una manta hasta lograr adecuar su temperatura. En todo momento se mostraron amables y sintieron lástima de los dramas humanos que ellos veían días tras días, de cientos de jóvenes intentando escapar de las injusticias sociales en el mundo.

Ellos le repetían reiteradas veces en su idioma: «Tranquilo, tranquilo…, ya estás en tierra de libertades. Estás con nosotros. ¡Eres libre al fin!, y podrás comenzar una nueva vida». Y Heberto abrió los ojos de nuevo a la vida, contando con el apoyo legal y humano que le brindaron otros disidentes que habían llegado de la misma forma a Florida.

***

Después de la terrible travesía de la que pudo escapar a la muerte, se recuperaba poco a poco de sus lesiones físicas; sin embargo, las psíquicas estaban haciendo mella en su estado de ánimo. Volvía a nacer en otra tierra, rodeado de personas desconocidas que en ningún momento lo abandonaron y que lo guiaron hasta que él recuperó su autoestima y liberó sus penas.

La pérdida de su familia lo había dejado lastimado y confuso. No era fácil comenzar una vida desde cero, aunque todos a su alrededor se esforzaban por hacerle creer que ellos lo habían conseguido; pero todas esas personas mentían y en cada una de sus palabras, él sentía y veía en sus ojos frustración y melancolía por la imposibilidad de volver a sus raíces.

No podía negar que sus consejos eran sabios, con intención de ayudar a todos los que lograban como él, llegar a tierra firme después de desafiar las iras del ancho mar. Con sus sabias palabras animaban a muchos a salir del túnel donde se habían quedado atrapados por culpa de una inmensa tristeza, que desataba en su interior añoranzas. Sin embargo, la pérdida de todo lo que dejaron atrás para siempre: su vida, su núcleo familiar y la prohibición del gobierno de no permitirles regresar a la tierra que los vio nacer, hacían de sus días un abismo. Un callejón sin salida lleno de pesadumbres debido a la lejana agonía. Una difícil situación de comprender para él y para los demás, porque no entendían sus tormentos: él ya estaba en una tierra llena de oportunidades por descubrir, el que sería su nuevo hogar.

Muchas personas no entendían, cómo después de haberle ganado la batalla a la muerte y haber tomado un nuevo rumbo en tierra de libertades, se sentía más prisionero que nunca.

Le torturaba la idea de que nunca más pudiera reencontrarse con los olores y colores que habían marcado y grabado cada uno de sus recuerdos. Una triste realidad, ajena a tantas personas en el mundo que desconocen el significado y el dolor que produce alejarse de los suyos, huyendo de presiones políticas, miserias o vejaciones que te obligan a enfrentar escollos y apuros en tierra desconocida, donde la soledad te hace sentir vacío y en ocasiones a la merced de muchos, que se aprovechan de mal ajeno, y te utilizan como mercancía, solo por humillarte y hacerte sentir nimio.

En momentos de desesperación y soledad, Heberto cerraba sus ojos y pensaba en Dulce María, en todo lo que ella había luchado y arriesgado por acompañarle hasta el final de su vida, sin temer a lo que pudiese ocurrirle por defender su amor.

Arrastrando día a día sus recuerdos fue construyendo una vida junto a colegas periodistas y disidentes que vivían en la ciudad de Miami, donde se trasladó pasado unos años desde su llegada a los cayos de la Florida. Cada uno de ellos en su cuerpo y en su alma, llevaba tatuada una historia parecida. Estas los unieron.

Junto a ellos volvió a emprender su lucha desde la lejanía, dejando clara su postura y sus compromisos morales, luchando desde un lugar remoto para mejorar la vida de los que había dejado en el camino, a los que un día juró que no les abandonaría. Haciendo caso omiso a todos esos que lo culpaban de no haber defendido su patria y optado por huir como muchos otros. Como él pregonó y juzgó. Ahora él entendía que tan fuertes son los motivos que pueden llevar a una persona a olvidar su juramento y rendirse si se trata de salvar la vida de otras personas, a los que tanto amas.

Volvió a la universidad para comenzar sus estudios de Periodismo después de recibir una beca. Comenzó de cero en la Universidad de Miami, porque no pudo obtener sus registros educativos de la universidad de La Habana, pues habían desaparecido con su encarcelamiento. Sus esperanzas ahora estaban puestas en construir un futuro.

***

Veinticinco años después de aquella travesía, aún la recordaba como si hubiera sido ayer. Había intentado borrar de su mente una vida, alejándose de la familia para evitar su muerte a manos de los desarmados comunistas que los perseguían, y luchaba contra corriente por recuperar otra. Pero fue difícil para él olvidar los pilares de su vida. Se convirtió en un hombre reservado y desconfiado que huía del mundo y sus bellezas, refugiándose en sus estudios y charlas a inmigrantes.

Fueron pocas las noticias que a través de amigos y compañeros de lucha le llegaron de la isla, sobre sus padres e hija durante todo ese tiempo. Se conformó con saber que su hija crecía feliz, rodeada de amor y naturaleza como él deseaba. Y había aprendido como su padre a tocar la guitarra y a querer a su profesara de música que día tras días le enseñaba el significado de cada resorte de su guitarra. Ella se convirtió por vocación en doctora, especializándose en medicina de familia y daba servicio en el pueblo a los más necesitados sin importarle nunca el horario. Siempre estuvo disponible para ayudar a salvar vidas. Pero, sobre todo, era quien cuidaba de sus ancianos abuelos, devolviéndoles una parte de los que ellos le habían dado para que creciera como una niña feliz rodeada de pura vida, a la que nunca le faltó el amor ni lo básico para vivir, a pesar de las circunstancias del país donde nació.

Amanda creció conociendo su verdad y adorando el recuerdo de sus padres, a quienes recordaba como héroes que habían muerto en tan difícil travesía para liberarla a ella y a todo un pueblo de presiones inhumanas.

Nunca tuvo contacto con sus abuelos maternos, aunque recibía de ellos múltiples regalos de forma anónima. La madre de Heberto siempre sospechó quién podría estar detrás de todo aquello... Pero prefirió callar.

Ambas familias separadas intentaban olvidar el pasado con la esperanza de construir un presente para todos.

A Heberto le quedó la satisfacción de que con su lucha logró cambios en la sociedad, sobre todo entre los jóvenes, que eran el futuro de un pueblo perdido en ideas comunistas fundadas a bases de mentiras. Esos jóvenes que hoy se atrevían a ponerle cara al terror y a salir a las calles como lo había hecho él en su juventud, a protestar por sus derechos y su dignidad.

«Por qué la vida es tan fácil para unos y tan difícil para otros», se preguntaba. «Es triste vivir toda una vida y no encontrar respuestas a una y mil preguntas. Por qué a mí, por qué a mi familia he tenido que ver sufrir...». Aprendió que en las adversidad se cosechan valores que a muchos otros les faltan, y a valorar el amor verdadero por las cosas y las personas que realmente valen la pena. «Tantos sacrificios en mi vida, y me pregunto si valió la pena».

Después de tantos años de lucha incansable, el valiente Heberto se encontraba exhausto y abrumado por la falta de cambios visibles en su pueblo. Los sanguinarios seguían imponiendo su tiranía, y el silencio y las torturas persistían, dejando una sombra de desesperanza en el corazón de Heberto.
Sin embargo, a pesar de todo, el fuego de su determinación no se apagaba. Desde lejos, seguía combatiendo las llamas de la opresión, alimentando su lucha con una pasión cada vez más ardiente. La pregunta sobre la diferencia entre su vecina Luzmila y él continuaba resonando en su mente, sumergiéndolo en una profunda reflexión sobre el significado de los actos y las acciones en la vida.
En medio de la incertidumbre, decidió tomar nuevamente su brújula, buscando una guía que lo llevara de regreso a la vida. Fue entonces cuando comprendió que la vida no podía existir sin la conexión con la familia, el amor genuino y los recuerdos compartidos. Estos eran los cimientos fundamentales que daban sentido a su lucha y le recordaban por qué había dedicado su vida a la causa.
Con esta nueva perspectiva, Heberto encontró fuerzas renovadas. Comprendió que la verdadera valía radicaba en los valores que cultivaba y en su capacidad para apreciar el amor auténtico en las personas y las cosas que realmente importaban. Ya no se cuestionaba si los sacrificios habían valido la pena, porque había encontrado un propósito más profundo en su camino.
Poco a poco, su determinación y su ejemplo comenzaron a inspirar a su pueblo. La semilla de la esperanza, que parecía haber sido aplastada, germinó en los corazones de aquellos que habían permanecido callados y rendidos. La voz colectiva se alzó en una sinfonía de justicia y libertad, desafiando a los opresores y reavivando la llama de la resistencia.
En el mar Caribe, donde las luciérnagas danzaban en la oscuri-

dad, el pueblo se unió en una poderosa red de apoyo mutuo. Juntos, derribaron las barreras del miedo y la apatía, construyendo un futuro en el que la paz y la igualdad florecían como jinetes que cabalgan hacia la luz, flores nocturnas que desafían la oscuridad y celestinas que entrelazan los destinos.

La novela de las luciérnagas en el mar Caribe concluye con un mensaje de esperanza y redención. Heberto, impulsado por su amor por la familia, el amor verdadero y los recuerdos compartidos, encontró la fuerza para cambiar su realidad y la de su pueblo. En esta tierra iluminada por la valentía y la unión, los valores que muchos otros habían dejado de lado fueron cosechados, y la esencia del amor y la valoración de lo que realmente importa se convirtieron en pilares para construir un futuro mejor.

Reflexión:

La historia de las Luciérnagas en el mar Caribe vivirá en la memoria de aquellos que comprendieron su mensaje, recordándoles que incluso en los momentos más oscuros, siempre existe la posibilidad.

FIN

LILIAN NUÑEZ

Agradecimientos

Quiero expresar mi más profundo agradecimiento a mi amada madre, mis queridas hijas y mi increíble esposo. A pesar de que al principio dudaron de mis habilidades para escribir esta novela, su amor y apoyo incondicional me han llevado a superar cualquier obstáculo.

Ah, cómo olvidar a mi valiente explorador de otros mundos literarios. A ti, mi amado, que decidiste no leer mi novela, no sé si fue por temor a influenciar tus propios pensamientos o simplemente para que la historia mantuviera su propia personalidad. Sea cual sea la razón, quiero dedicarte unas palabras especiales.

Querido esposo, eres el único hombre en el mundo capaz de resistir la tentación de adentrarte en las páginas de mi novela. Tu rechazo para leerla ha sido un acto de verdadero heroísmo, una muestra de amor incondicional hacia mí como escritora. Me has permitido explorar libremente mi creatividad y forjar mi propio camino en la narrativa sin temor a la influencia externa.

No puedo evitar imaginar que, en algún rincón de tu corazón, guardas la curiosidad por descubrir los secretos que he tejido entre las líneas. Quizás, en un futuro lejano, decidas aventurarte en el mundo de "Luciérnagas en el Mar Caribe". Hasta entonces, quiero agradecerte por apoyarme sin leer una sola palabra, por respetar mi proceso y permitirme encontrar mi voz literaria sin restricciones.

Y a ti, mi Mimosin, mi guía en esta travesía literaria. Tus consejos y opiniones han sido como una brújula que me ha ayudado a navegar en el vasto océano de la escritura. Tu perspectiva única y tu visión fresca han dado a mi novela una personalidad aún más vibrante. Eres una inspiración constante y te agradezco por ser mi cómplice en esta aventura.

A mi hija LA, mi fuente inagotable de ideas y creatividad, te dedico un lugar especial en esta dedicatoria. Tu ayuda para diseñar la mejor campaña de promoción para mi libro ha sido fundamental. Tu perspicacia y visión fresca me han permitido llevar mi talento literario a aquellos que desconocen mi capacidad para recrear mundos maravillosos

Así que, a mi esposo, el lector silencioso, y a mis hijas y a mi madre, les dedico esta novela. Que cada página no leída sea un recordatorio de nuestro amor y respeto mutuo, y de la belleza de permitir que cada uno siga su propio viaje literario. Que las luciérnagas en el Mar Caribe nos iluminen con su brillo mágico y nos recuerden que el amor y la complicidad se manifiestan de formas únicas y sorprendentes.

También quiero aprovechar este momento para agradecer a mis amigos en las redes sociales. Han sido una fuente constante de inspiración y entusiasmo a lo largo de mi viaje hacia la culminación de esta novela. Sus comentarios y palabras alentadoras me han llenado de ilusión cada día, recordándome que mi sueño de verla terminada estaba a punto de hacerse realidad.

¡Que las luciérnagas del Mar Caribe sean las chispeantes musas que inspiren tus propios sueños!

Que esta novela sea una luz que guíe a los lectores hacia nuevos horizontes de imaginación y emoción. Que la magia de las palabras alcance a todos aquellos que desconocen mi talento y los sumerja en un universo literario lleno de maravillas.

Made in United States
Orlando, FL
14 November 2023